MOEWIG DOKUMENTATION

Constantine Fitzgibbon

London brennt

MOEWIG
Deutsche Erstausgabe

Titel der Originalausgabe: LONDON'S BURNING
Aus dem Amerikanischen von Wulf Bergner

Umschlagfoto: Süddeutscher Verlag
Umschlagentwurf und -gestaltung: Franz Wöllzenmüller, München
Verkaufspreis inkl. gesetzl. Mehrwertsteuer
Auslieferung in Österreich:
Pressegroßvertrieb Salzburg, Niederalm 300, A-5081 Anif
Printed in Germany 1982
Druck und Bindung: Mohndruck Graphische Betriebe GmbH, Gütersloh
ISBN 3-8118-4321-4

Inhaltsverzeichnis

Einleitung

Von Barrie Pitt

Mitte Juli 1940 wußte die ganze Welt, daß England ein hauptsächlich aus der Luft geführter Angriff eines Ausmaßes bevorstand, das bisher außer in modernen Gruselgeschichten oder – bezeichnenderweise – der trockenen Pedanterie amtlicher Zahlenangaben über die möglichen Auswirkungen eines Bombenkrieges unvorstellbar war. In England selbst untermauerte die Bevölkerung ihre stets phlegmatische Einstellung möglichen Katastrophen gegenüber mit den unvernünftigen, aber wirkungsvollen Dogmen, da wir jetzt keine Verbündeten mehr zu unterstützen hätten, könnten wir auch von keinen im Stich gelassen werden, und da wir niemals erfolgreich erobert oder besiegt worden seien, sei die Wahrscheinlichkeit, daß es jetzt dazu komme, ziemlich gering. Es gibt Situationen, in denen vieles für historische Unwissenheit spricht.

Da wir jedoch ein starkes Bewußtsein nationaler Selbstgerechtigkeit besaßen, wären wir einigermaßen beunruhigt gewesen, wenn wir erkannt hätten, mit welcher kühlen Objektivität der Rest der Welt unsere mißliche Lage betrachtete, denn obwohl es in Europa, in Nord- und Südamerika und natürlich im Commonwealth zweifellos viele Menschen gab, die unsere Lage mitfühlend und sogar ernstlich besorgt beobachteten, war die Masse der Bevölkerungen Nord- und Südamerikas, Afrikas und Asiens völlig desinteressiert oder gänzlich uninformiert – und häufig der Auffassung, es sei allmählich Zeit, daß die hochnäsigen Inselbewohner eine Abreibung bekämen.

Schließlich mußten die Londoner die Hauptlast der Angriffe tragen, aber dabei bewiesen sie sich nicht nur selbst, daß sie so ausdauernd wie ihre Väter waren (eine nützliche Bestätigung zu Beginn eines Krieges, der sich noch lange hinziehen sollte), sondern verdienten sich auch erstaunlich viel Mitgefühl und sogar Bewunderung von seiten ausländischer Beobachter dieses Kampfes. „London hält durch!" lautete eine in den Tagen nach dem ersten Angriff ausgegebene Parole – und das tat die Stadt tatsächlich viele schlimme und beängstigende Wochen hindurch.

Anfangs litt vor allem das East End – Poplar, Stepney, West Ham, Bermondsey und Rotherhithe –, insbesondere die Reihen kleiner, schäbiger, Rücken an Rücken gebauter einstöckiger Wohnhäuser, die so schnell und billig aus dem Boden gestampft worden waren, wie die Bauspekulanten des 19. Jahrhunderts sie hatten hinstellen können, und dicht zusammengedrängt am Rand der Hafenanlagen standen. Aber dann vergrößerte sich der Einsatzbereich der Bomber, die nun Tottenham und Croydon, Chelsea und Trafalgar Square angriffen, und am Jahresende folgte der große Brandbombenangriff auf die Londoner City, den die St.-Pauls-Kathedrale wie durch ein Wunder buchstäblich unbeschädigt überstand.

Bis Ende 1940 hatte London das gleiche weltweite Mitgefühl erregt (zum Teil sogar, was hier gesagt werden soll, in den Reihen seiner Feinde), das zuvor Guernica, Warschau und Rotterdam gegolten hatte, und sich zusätzliche Hochachtung gesichert, als klar wurde, daß alle Leiden und Zerstörungen die nationale Entschlossenheit, der Aggression zu widerstehen, bis sie nachließ oder ihr Ziel durch Vernichtung erreichte, nicht im geringsten verringert hatten.

So war Londons Standhaftigkeit doppelt erfolgreich: Sie reizte Hitler so sehr, daß er sich schließlich angewidert von den halsstarrigen Inselbewohnern abwandte und seine Aufmerksamkeit auf die russischen Ebenen im Osten konzentrierte, auf denen seine Armeen vernichtet werden sollten – und sie brachte England die Sympathien und sehr viel materielle Unterstützung von bis dahin unbeteiligten Staaten und Einzelpersonen ein.

Wir können von Glück sagen, daß Constantine FitzGibbon damals dabei war, um zu beobachten, sich Notizen zu machen und schließlich alles zu schildern. Obwohl FitzGibbon schon zuvor genügend politischen Einblick und politisches Wissen besaß, um zu erkennen, wie Gut und Böse letztlich verteilt waren, und aus seinen Erkenntnissen die Konsequenz gezogen hatte, sich als Luftschutzhelfer zur Verfügung zu stellen, ist er in Wirklichkeit ein Irisch-Amerikaner mit Auffassungen, die nur wenig Bewunderung für engliche Einstellungen, Eigenschaften oder Lebensweise enthalten.

Sein Bericht über den Feuersturm, der über London hinwegfegte, sowie seine Analyse der strategischen und taktischen Gründe für seinen Verlauf und den späteren Höhepunkt sind deshalb objektiv und nicht durch übermäßige Bewunderung für die Menschen, über die er schreibt, verfälscht. Aber seine Schilderung ist auch – wie Leser seiner anderen Bücher erwarten werden – ein spannender, Erinnerungen wachrufender, durch Mitgefühl und Kreativität eines wahren Künstlers lebendiger Augenzeugenbericht.

Vor der Luftschlacht

Der 7. September 1940 war ein Samstag. An diesem Samstag, einem warmen und sonnigen Tag, begann ein Ereignis, das seit Jahren befürchtet, seit über zwölf Monaten vorausgeahnt und in diesem heißen Sommer voller Schlachten, Niederlagen und Verluste mit wachsender Gewißheit erwartet worden war. Am 7. September 1940 machte die deutsche Luftwaffe sich daran, London zu zerstören.

Bevor wir uns mit den Ereignissen dieses Tages und der auf ihn folgenden 57 Nächte befassen, in denen London allnächtlich – und oft auch tagsüber – bombardiert wurde, und von den darauf folgenden sechs Monaten berichten, in denen London häufig weitere schwere Luftangriffe zu überstehen hatte, ist es angebracht, ganz kurz die emotionalen, politischen und militärischen Hintergründe dieses schrecklichen Winters zu schildern, der London bevorstand.

Aus militärischer Sicht wurde das Flugzeug ursprünglich als ein Aufklärungsmittel betrachtet. Im August 1914 beschossen die Piloten solcher Aufklärungsflugzeuge sich bei Begegnungen mit Revolvern; so entstand das Jagdflugzeug. Später führten sie auch Granaten mit, die sie über den feindlichen Schützengräben abwarfen, womit die Bomber geboren waren.

Die erste Bombe, die von einem deutschen Militärflugzeug auf englischen Boden abgeworfen wurde – oder überhaupt von irgendeinem Kampfflugzeug auf ein Ziel außerhalb des Einzugsbereichs eines Schlachtfeldes –, fiel am 24. Dezember 1914 in der Nähe des Kastells von Dover und ließ einige Fensterscheiben zersplittern.

Die Luftangriffe auf London, die im Jahre 1915 begannen, wurden jedoch in den beiden ersten Jahren ausschließlich von Luftschiffen durchgeführt. Sie waren kostspielig und wenig zielsicher, obwohl dabei beachtliche Schäden angerichtet und einige Zivilisten getötet oder verwundet wurden. Die Deutschen bemühten sich, den Eindruck zu erwekken, sie bombardierten militärische Ziele, aber in Wirklichkeit war ihr Hauptziel die Erschütterung der Kampfmoral der Zivilbevölkerung.

Ende 1916 waren die Luftschiffe besiegt, und von Mai 1917 bis Mai des folgenden Jahres übernahmen Flugzeuge die Angriffe. Sie flogen zahlreiche Einsätze gegen die Hauptstadt und andere Großstädte, die ziemlich schwere Schäden und entsprechend hohe Menschenverluste verursachten. Insgesamt waren 1414 Tote und 3416 Verletzte zu beklagen.

Auch ihre Wirkung auf die Stimmung der Zivilbevölkerung war oft groß. Gelegentlich kam es zu panikähnlichen Szenen. Die Londoner U Bahn und andere Luftschutzräume wurden gestürmt, und bei einer Gelegenheit wäre eine Flakbedienung im Hyde Park beinahe von einer aufgebrachten Menge gelyncht worden, weil sie sich weigerte, auf eine über sie hinwegfliegende Maschine zu schießen, die in Wirklichkeit ein englisches Flugzeug war. Nachtangriffe behinderten die Rüstungsproduktion, und über 200 Jagdflugzeuge, die im März 1918 dringend an der Westfront benötigt worden wären, wurden in England zurückgehalten, um die Zivilbevölkerung zu schützen und aufzumuntern. Vor dem

Spätfrühjahr 1918 wurden nur sehr wenige deutsche Flugzeuge abgeschossen.

Wenn wir uns darüber klar werden, daß das alles das Werk des zahlenmäßig verhältnismäßig schwachen deutschen Bombengeschwaders 3 war, das nur beim letzten Angriff über 30 Bomber einsetzen konnte, die jeweils lediglich eine geringe Ladung leichter Bomben transportierten, kann es nicht überraschen, daß beide Seiten dieser Art der Kriegsführung eine gewaltige, vielleicht sogar überwältigende Zukunft voraussagten.

Hätte der Krieg bis zum Jahre 1919 gedauert, hätte die RAF, die bereits einige Angriffe auf deutsche Industriestädte geflogen hatte, voraussichtlich sehr schwere Luftangriffe mit sehr vielen Maschinen geflogen. Nach der Wirkung der bereits von der Independent Force der RAF geflogenen, verhältnismäßig leichten Angriffe zu urteilen, wären die Auswirkungen auf die deutsche Rüstungsproduktion und die Stimmung der Zivilbevölkerung wahrscheinlich eindrucksvoll gewesen.

Das war – sehr kurz zusammengefaßt – die Geschichte des Bombenkrieges 1914-18, dessen Wirkung in den nächsten zwei Jahrzehnten von den Fachleuten sehr aufmerksam untersucht wurde. Wir wollen sehen, welche Schlußfolgerungen die politische und militärische Führung aus den Lektionen des Ersten Weltkriegs zogen.

Die scharfsinnigeren Fliegeroffiziere kamen zu dem Schluß, der Schlüssel zum Sieg in einem zukünftigen Krieg liege bei den Luftflotten. Ein Verfechter dieser Auffassung in ihrer extremsten Form war der italienische General Douhet, dessen Buch *Luftherrschaft* schon 1921 erschien. Er behauptete, kurz gesagt, eine richtig geführte Bomberflotte könne eine feindliche Macht binnen Wochen oder sogar Tagen niederkämpfen. Douhet bezweifelte, daß es Flakgeschützen oder Jagdflugzeugen gelingen würde, die Bomber daran zu hindern, die „Nervenzentren" im Feindesland – Eisenbahnknotenpunkte, Häfen, wichtige Fabriken und dergleichen – anzugreifen und zu zerstören; er vertrat die Auffassung, gegen Bombenangriffe könne man sich nur durch Gegenangriffe wehren.

„Luftmacht ist eine hervorragend für Offensivoperationen geeignete Waffe, weil sie plötzlich zuschlägt und dem Gegner keine Zeit läßt, den Schlag abzuwehren... Das Flugzeug ist nicht für Verteidigungszwecke geeignet, da es vor allem eine Angriffswaffe ist... Die einzig brauchbare Methode, den Gegner daran zu hindern, uns mit seiner Luftwaffe anzugreifen, besteht daraus, seine Luftwaffe zu vernichten, bevor er Gelegenheit hat, einen Schlag gegen uns zu führen ... *Wir müssen ... uns mit den Offensiven abfinden, die der Feind gegen uns vorträgt, und uns zugleich bemühen, alle unsere Reserven zu mobilisieren, um noch schwerere gegen ihn vorzutragen...*" (Hervorhebung durch General Douhet.)

So lautete eine der damals wichtigsten Luftkriegstheorien: Einem gewaltigen Schlag, der so früh wie irgend möglich geführt werden sollte, um die Luftwaffe des Feindes zu vernichten, sollten ebenfalls schwere Hammerschläge gegen seine Städte folgen, wobei die Ziele seine Industrien, seine Verkehrsverbindungen und vor allem die Stimmung seiner Zivilbevölkerung sein würden. Nach Berechnungen sollten zehn Flugzeuge mit je zwei Tonnen Brand-, Spreng- und Kampfstoffbomben in einem Kreis mit 500 Meter Durchmesser alles vernichten können. Zur Zerstörung eines Stadtkerns mit drei Kilometer Durchmesser, was etwa der Londoner City mit dem Bezirk Whitehall entsprach, wäre danach lediglich ein einziger Angriff mit 360 Bombern erforderlich gewesen. Das bedeutete, daß der nächste Krieg schon in den ersten Tagen durch gewaltige Luftangriffe entschieden werden könnte. Diese Theorie eines „vernichtenden Erstschlages" war und blieb ein wesentliches Element aller Luftwaffenplanungen für zukünftige Kriege.

In England stellte sich der RAF-Generalstab den nächsten Krieg als „einen Schlagabtausch zwischen feindlichen Bomberflotten" vor, wie Basil Collier es ausgedrückt hat, und war Anfang der dreißiger Jahre fest davon überzeugt, daß nur eine von gutgeschützten Stützpunkten aus geführte Bombergroßoffensive England die Luftüberlegenheit sichern könne, die den Sieg bringen werde. Selbstverständlich war in den zwanziger oder dreißiger Jahren keine englische Regierung imstande, eine Bomberflotte zu planen oder zu bauen, die einen „vernichtenden Erstschlag" gegen einen potentiellen Gegner hätte führen können. Der englische Luftwaffenstab bemühte sich deshalb, eine Luftwaffe aufzubauen, die den feindlichen Erstschlag abwehren und danach ausgebaut werden konnte, um den Gegner duch „strategische Bombardierung", wie diese Methode später genannt wurde, niederzukämpfen. Aber das Hauptgewicht lag zumindest bis zum Herbst 1938 auf den Bombern: Der Aufwand für das englische Bomberprogramm war doppelt so hoch wie der für den Bau von Jägern.

Da kein Staat es sich leisten konnte, seine Grenzen und Küsten durch ständig patrouillierende Jäger schützen zu lassen, war eine Abwehr von Bombern durch Jäger nur möglich, wenn es gelang, den Kurs und das vermutliche Angriffsziel feindlicher Bombergeschwader schon in beträchtlicher Entferung vom Ziel festzustellen und dann Jagdflugzeuge gegen die Angreifer zusammenzuziehen. Dadurch ließ sich die Wirksamkeit jedes einzelnen Jägers vervielfachen. Aber im Jahre 1932 schien eine derartige Ortung unmöglich zu sein. Für die Fachleute stand fest, wie Mr. Baldwin damals im Unterhaus sagte, daß „der Bomber immer durchkommen wird".

Dieses Bild änderte sich ab Mitte der dreißiger Jahre mit dem beginnenden Aufbau der englischen Radarkette. Im Jahre 1938 zeigte sich, daß die von Radarstationen an der Küste gelieferten Frühwarninformationen tatsächlich eine Möglichkeit erschlossen, angreifende feindliche Bomber durch eigene Jagdflugzeuge abzufangen. Deshalb wurde eine erneute Umorientierung der englischen Abwehrstrategie beschlossen, die nun auf der Radarkette und dem neuen, mit acht MGs bewaffneten Jäger basierte – das heißt auf der Kombination, die dann in der Luftschlacht über England siegreich blieb. Aber diese Schlacht würde natürlich erst in einigen Jahren stattfinden. Und obwohl niemand mehr davon überzeugt war, daß der Bomber immer durchkommen müsse, war man sich darüber einig, daß ein beachtlich hoher Prozentsatz der Angreifer durchkommen werde – vor allem nachts – und daß London mit Bombenangriffen zu rechnen habe.

Deshalb mußten die verschiedenen englischen Regierungen Vorsorge für diesen möglichen Fall treffen. Wie würde sich ein „vernichtender Erstschlag" auf London und andere Hauptziele auswirken, falls es zu einem zweiten Weltkrieg kam und die Voraussagen der militärischen Berater – von denen man annehmen mußte, daß sie zutreffend seien –

sich als richtig erwiesen? Die ebenfalls von Fachleuten gegebene Antwort war zutiefst deprimierend.

Das Gesamtgewicht der im Ersten Weltkrieg von den Deutschen auf England abgeworfenen Bomben hatte etwa 300 Tonnen betragen, die auf englischer Seite fast 5000 Verluste bewirkt hatten, von denen ein Drittel Todesfälle gewesen waren, was 16 Tote und Verwundete pro Tonne Bomben bedeutete. Aber die beiden großen Tagangriffe auf London hatten 832 Tote und Verletzte hinterlassen – 121 pro Tonne Bomben –, während bei den 16 Nachtangriffen der Jahre 1917-18 pro Tonne abgeworfener Bombenlast 52 Tote und Verwundete zu beklagen gewesen waren.

Deshalb rechnete die englische Luftwaffenführung schon 1924 mit 50 Verlusten (davon ein Drittel Tote) pro Tonne Bomben. Im Jahre 1934 schätzte die RAF, die ihre Berechnungen auf der Basis der damals offiziell noch immer verbotenen deutschen Luftwaffe anstellte, daß Görings Bomber in absehbarer Zukunft – falls sie von Flugplätzen in den Niederlanden aus operierten – über längere, nicht genau bestimmbare Zeit hinweg 150 Tonnen Bomben pro Tag auf England abwerfen könnten.

Im Jahre 1938 rechnete das britische Komitee für Reichsverteidigung innerhalb der ersten 24 Angriffsstunden mit 3500 Tonnen Bomben, die von in Deutschland stationierten Flugzeugen abgeworfen werden sollten, und 600 Tonnen pro Tag in der Zeit danach. Dabei ging man weiterhin von 50 Ausfällen pro Tonne aus, weil diese Zahl durch Berichte aus dem spanischen Bürgerkrieg bestätigt zu werden schien.

Im April 1939 traute der englische Luftwaffengeneralstab, der an 3500 Tonnen für den „vernichtenden Erstschlag" festhielt, den Deutschen eine Steigerung der täglichen Bombenlast auf 700 Tonnen zu und rechnete für April 1940 mit 950 Tonnen pro Tag, die von etwa 800 in Deutschland stationierten Maschinen abgeworfen werden sollten. Das Gesundheitsministerium schätzte aufgrund dieser Zahlen, aus denen sich für das erste halbe Jahr 600000 Tote und 1200000 Verletzte ergaben, den Bedarf an Krankenhausbetten auf 1000000 bis 2800000 – je nach Verweildauer der Patienten. Zu Vergleichszwecken ist es vielleicht aufschlußreich, hier festzuhalten, daß es in London während der deutschen Luftangriffe von September 1940 bis Mai 1941 rund 90000 Verluste gab, darunter knapp 20000 Tote und 25000 Schwerverletzte; in diesem Zeitraum wurden 18000 Tonnen Bomben abgeworfen, die nach Berechnungen aus dem Jahre 1938 über 280000 Todesopfer hätten fordern müssen. Allerdings wurden natürlich keine Gasbomben verwendet. Die Schätzung lag also um das 14fache zu hoch.

Und die Schreckensvisionen hörten keineswegs bei Verlusten auf, obwohl diese den vielleicht einfachsten Maßstab darstellten. Ende 1938 wurde geschätzt, 500000 Häuser würden durch Luftangriffe völlig zerstört oder unbewohnbar gemacht werden; weitere ein bis zwei Millionen Gebäude sollten schwere Schäden davontragen. Nach Ansicht von Fachleuten würden die öffentlichen Vekehrs- und Versorgungsdienste höchstwahrscheinlich zusammenbrechen.

Eine ganz England erfassende Panik wurde befürchtet. In London würden unvorstellbar grauenhafte Zustände herrschen. Im Winter 1917/18 hatten sich oft über 10000 Menschen auf einem einzigen U-Bahnhof zusammengedrängt, um Schutz vor deutschen Bomben zu suchen. Bei einem Angriff im Februar 1918 hatten sich über 300000 Londoner in die U-Bahn geflüchtet.

Bei den unvergleichlich schlimmeren Angriffen, die in Zukunft zu befürchten waren, würden diese Zahlen viel höher liegen. Die Verantwortlichen fürchteten, daß die Londoner sich in den U-Bahntunnels – in denen es weder Verpflegung noch genügend Toiletten gab – zusammendrängen und nicht mehr herauskommen würden. Die Gesundheitsbehörden waren davon überzeugt, daß daraufhin schwere Epidemien ausbrechen würden; sie rechneten auch mit unzähligen Geistesgestörten.

Im Jahre 1939 berichtete der Ausschuß für psychiatrische Notfälle, der Anteil der Geistesgestörten könne den der physischen Ausfälle ums Dreifache übersteigen: Das hätte bedeutet, daß drei bis vier Millionen an Hysterie oder anderen akuten Nervenkrankheiten gelitten hätten. Es wäre nicht einmal möglich gewesen, die Toten anständig zu bestatten, denn die englische Holzproduktion hätte nicht für die Herstellung der benötigten Anzahl von Särgen ausgereicht. Deshalb wurde an Massengräber in Lehmgruben und sogar an die Versenkung der Leichen aus Kippschuten im Ärmelkanal gedacht.

Stellt man sich andererseits eine brennende Großstadt vor, deren wenige freie Straßen mit hysterischen Flüchtlingen verstopft sind, während sich in den U-Bahntunnels verhungernde, vor Angst fast wahnsinnige Massen drängen, unter denen Seuchen wüten, ist es kaum denkbar, daß die Leichen auch nur bis zu den Lehmgruben hätten transportiert werden können.

So sah das in den düstersten Farben gemalte Bild aus, das die englische Regierung sich von einem zukünftigen Krieg machen mußte, und als sie sich daran machte, die von ihr erwartete Katastrophe zu mildern, sah sie sich einer Nation gegenüber, die auf die Vorstellung, England könnte ein weiterer Krieg drohen, mit Emotionen reagierte, die von Entsetzen bis zur Apathie reichten. Die Arbeiterklasse, die im Ersten Weltkrieg hingeschlachtet, ihrer Auffassung nach um die versprochenen Früchte des Sieges gebracht, von den bei ihr beliebten Zeitungen belogen und später in eine hoffnungslose Massenarbeitslosigkeit gestürzt worden war, betrachtete die herrschende Klasse verständlicherweise mit tiefstem Mißtrauen und Abneigung. Warum sollen *wir* für *sie* den Kopf hinhalten? lautete die einfache Basis für den Pazifismus der Arbeiterklasse, der seinen idealistischen Daseinszweck durch populäre Männer wie Lansbury und Dr. Salter erhielt.

Die Labour Party war keineswegs durchgehend pazifistisch eingestellt, und nach Hitlers Machtergreifung in Deutschland erkannten mehrere ihrer Spitzenpolitiker, von denen einige im Ersten Weltkrieg sogar Haftstrafen als Kriegsdienstverweigerer verbüßt hatten, daß es unter Umständen nötig sein würde, Englands politische Freiheiten mit Waffengewalt zu verteidigen. Aber sie hatte einen sehr starken pazifistischen Flügel, und im allgemeinen interessierten sich die Sozialisten ohnehin viel weniger für Außenpolitik als für den Klassenkampf im eigenen Land.

Der Mittelstand blieb wie üblich eigenartig schweigsam, so daß es schwerfällt, Allgemeingültiges über seine Haltung zu sagen, da seine Einstellung seit über zwei Generationen – mit Ausnahme kurzer nationaler oder gesellschaftlicher Krisen – vor allem von Fatalismus geprägt zu sein scheint. Das Bürgertum war bereit, der Regierung selbst in den Krieg zu folgen, aber die Tatsache, daß rund zwei Millionen Angehörige dieser Gesellschaftsschicht auf eigene Kosten ihre

Stadtwohnungen verließen, als der Kriegsausbruch bevorstand, zeigt, daß sie die allgemeinen Ängste in bezug auf die Schrecken eines zukünftigen Krieges teilten.

Ein gewisser, wahrscheinlich kleiner Prozentsatz von Angehörigen des Mittelstandes und des gehobenen Mittelstandes war angesichts der militärischen Überlegenheit Deutschlands – die in der Praxis die Fähigkeit Deutschlands bedeutete, England zu bombardieren – der Auffassung, die Engländer sollten auch seine politische Überlegenheit anerkennen, aber der im Ersten Weltkrieg gegen die „Hunnen“ geschürte Haß war noch immer sehr stark, und die Beschwichtiger um jeden Preis waren ebenso selten wie die Faschisten, die Hitler aus sogenannten ideologischen Gründen bewunderten.

Die von unterschiedlichen Standpunkten zur Frage eines zukünftigen Krieges geprägten Hälften der Nation neigten auch dazu, sich gegenseitig zu mißtrauen und zu fürchten. Und die Entstehung des Luftschutzdienstes (Air Raid Precaution - ARP) hing durch einen merkwürdigen Zufall eng mit diesem Mißtrauen und dieser Angst zusammen.

Als im Herbst 1926 die ersten, noch sehr provisorischen Zivilschutzpläne diskutiert wurden, übernahm man als vorläufiges Modell die Organisationsstruktur, die sich herausgebildet hatte, als der Generalstreik das Land in ein Chaos zu stürzen gedroht hatte. Das bedeutete, daß es sich in erster Linie um eine Freiwilligenorganisation handeln sollte, deren Mitglieder Männer – und Frauen – sein würden, die bereit waren, Verantwortung zu übernehmen, wie es die Hilfskonstabler des Jahres 1926 getan hatten.

Wie die vor dem Streik angeworbenen 80000 Hilfswilligen innerhalb von zehn Tagen auf 200000 angewachsen waren, hoffte man, daß eine ARP-Kernmannschaft im Krisenfall ähnlich motivierte Freiwillige anziehen und sich rasch vergrößern werde. Diese Erwartung bestimmte den ganzen Charakter der englischen Zivilschutzdienste – vor allem des Luftschutzes – in den folgenden Jahren.

Im Gegensatz zum deutschen Reichsluftschutzbund war er niemals eine paramilitärische Organisation. Wie wir noch sehen werden, beruhte seine Disziplin in erster Linie auf moralischem Druck, und seine Angehörigen kamen in erster Linie aus dem Mittelstand. In Deutschland, wo beispielsweise jeder Blockwart bestimmte Aufgaben und deshalb in seinem Gebäude beträchtliche Befehlsgewalt hatte, nivellierte der Luftschutz alle Klassenunterschiede. In England, wo er auf Freiwilligen basierte, blieb er wie alle sonstigen Aktivitäten von Freiwilligen hauptsächlich dem Mittelstand vorbehalten, denn die meisten Arbeiter melden sich nur selten freiwillig und sind nur widerstrebend bereit, selbst die begrenzte Autorität von Armbinde und Trillerpfeife zu übernehmen. In den kommenden Monaten sollte diese Tatsache in einigen Arbeitervierteln, in denen es nur wenige Freiwillige gab, so daß die Einwohner sich manchmal jämmerlich vernachlässigt und vergessen fühlten, seltsame – und in einigen Fällen bedauerliche – Folgen haben.

Als die Entwicklung auf dem Luftkriegssektor erkennen ließ, das London in einem zukünftigen Krieg zumindest nachts schwer und vermutlich auch zielsicher bombardiert werden würde, mußte die englische Regierung Vorbereitungen auf zwei Gebieten treffen. Was ließ sich – außer einer Verstärkung der Luftabwehr – tun, bevor die Bombenangriffe begannen, und was mußte während und nach den Luftangriffen getan werden?

Einzelziele ließen sich tagsüber durch Rauch und Tarnung sowie nachts durch völlige Verdunkelung vor feindlichen Bombern tarnen. Was London betraf, gab es kein Mittel, die Weltstadt tagsüber zu verstecken, obwohl viel Zeit – und Farbe – aufgewandt wurde, um Fabrikschornsteine und große Gebäude mit einem grün-ockerfarbenen Tarnanstrich zu versehen. Das schadete nichts, Farbe gab es genug, und die verschwimmenden Umrisse erzeugten vielleicht sogar eine gewisse Zuversicht bei den Arbeitern. Rauchschleier konnten wichtige Punktziele verdecken, und die Fabriken sollten aufgefordert werden, auf Brennstoffe zurückzugreifen, die mehr Rauch erzeugten, als in Friedenszeiten zulässig war.

Selbstverständlich war es nicht möglich, London unter einer ständigen Nebeldecke verschwinden zu lassen. Selbst wenn das technisch durchführbar gewesen wäre, hätte es nicht wünschenswert sein können, und der Gegner hätte seine Bomben zudem einfach in den Nebel hineingeworfen.

Die Verdunkelung war etwas anderes: Sie war ein Überbleibsel aus dem Ersten Weltkrieg, in dem die Lichter abgedunkelt worden waren, um den Feind daran zu hindern, seine Angriffsziele genau auszumachen. Diesmal wurde schon frühzeitig entschieden, daß in einem bevorstehenden Krieg ganz Großbritannien und Nordirland vollständig verdunkelt werden würden. Auch das war kein direkter Luftschutz für London, aber die Verdunkelung sowie die Flak und die Ballonsperren gewährten gewissen Schutz, weil sie es Nachtbombern sehr schwer machten, zielsicher zu bombardieren.

Wäre ihnen das gelungen, hätten ein oder zwei Stadtbezirke die gesamte Wucht des jeweiligen Luftangriffs ertragen müssen, wären die Verluste zweifellos viel höher gewesen – vielleicht mit den in Coventry erlittenen vergleichbar, aber Nacht für Nacht wiederholt –, und die Stimmung der Zivilbevölkerung hätte vor allem erheblich mehr gelitten. Damit war die Schutzwirkung der Verdunkelung bereits erschöpft. Aber wie wir noch sehen werden, maßen die Londoner später ihrer strikten Einhaltung eine fast mystische Bedeutung zu. Und zuletzt konnten die zuständigen Stellen dafür sorgen, daß Rundfunksender und andere Funkstationen nicht als Funkfeuer wirkten, von denen die feindlichen Bomber ins Ziel geführt wurden. Trotzdem ließ London sich nicht verstecken.

Wäre es nicht besser, die gesamte Einwohnerschaft zu evakuieren, wenn London sich nicht verstecken und kaum verteidigen ließ? Diese Frage wurde erstmals im Jahre 1933 diskutiert, aber noch im September 1938 waren nur sehr rudimentäre Planungen vorhanden. Nach der Sudetenkrise wurde das Problem ernstlich untersucht. Daraus entstand der Plan, der im nächsten Jahr in die Tat umgesetzt wurde.

Im allgemeinen sollte die vom Staat gefördete Evakuierung auf Kinder, Kleinkinder mit ihren Müttern, Schwangere und bestimmte Klassen von Behinderten – zum Beispiel Blinde – beschränkt werden. Arbeiter und andere, deren Tätigkeit kriegswichtig war, sollten aufgefordert werden, an ihrem Arbeitsplatz zu bleiben. Die übrigen Londoner, von denen viele wenig schmeichelhaft als „unnütze Esser“ bezeichnet wurden, konnten die Stadt auf eigene Kosten verlassen, falls sie dies wünschten.

Auch die möglicherweise erforderliche Evakuierung der englischen Regierung wurde vorbereitet, aber Millionen von Londonern würden trotzdem Bombenangriffen ausgesetzt sein. Die staatlichen Vorsorgemaßnahmen bezweckten in erster Linie den bestmöglichen Schutz der Bevölkerung vor Gasangriffen, was der damaligen Einschätzung der Gefährlichkeit dieses Kampfmittels entsprach. Im Jahre 1934 stellten Gasschutzmittel, also die Herstellung von Gasmasken und Schutzkleidung sowie der Kauf von Chlorkalk und Medikamenten, den größten Einzelposten der Zivilschutzausgaben dar.

Im Jahre 1936 wurde der Plan gebilligt, an alle Engländer Gasmasken auszugeben, und während der Sudetenkrise erhielt fast die gesamte Bevölkerung solche Masken. Außer dem Bau von Splitterschutzgräben war dies praktisch die einzige mögliche staatliche Schutzmaßnahme im Herbst 1938. Sie sollte sich als psychologisch sehr geschickte Maßnahme erweisen. Der Besitz irgendeines Schutzmittels, selbst wenn es nur eine Gasmaske war, erzeugte ein gewisses Sicherheitsgefühl. Ein Beweis dafür war die allgemeine Empörung, als sich zeigte, daß nicht genügend Gashelme für alle Kleinkinder vorhanden waren.

Ein Aspekt der für erforderlich gehaltenen Luftschutzmaßnahmen wurde also schon vor Kriegsausbruch unter Einsatz hoher Mittel in Angriff genommen und zugleich erledigt, wie sich später zeigen sollte.

Nach allgemeiner Einschätzung waren Sprengbomben die gefährlichsten Kampfmittel nach Gasbomben. Brandbomben, die später weit größere Schäden anrichteten als Sprengbomben, folgten mit großem Abstand an dritter Stelle. Bei den Schutzmaßnahmen gegen Sprengbomben entsprachen die staatlichen Anordnungen – obwohl sie sich im allgemeinen als richtig erweisen sollten – im Gegensatz zu den Gasschutzvorkehrungen nicht ganz den Forderungen der englischen Bevölkerung.

Wir wir gesehen haben, rechnete man damit, daß Luftangriffe als kurze, heftige Überfälle – wobei der erste Schlag der schwerste sein würde – stattfinden würden, die mindestens einmal pro Tag (oder Nacht) wiederholt werden würden. Bei Planspielen rechnete man mit einer durchschnittlichen Vorwarnzeit von sieben Minuten; diese kurze Zeitspanne sollte zwischen dem Überfliegen der englischen Küste durch feindliche Bomber und dem Bombenabwurf liegen.

Der Ausbruch einer Panik wurde nicht nur befürchtet, sondern sogar erwartet. Deshalb entschlossen die zuständigen Stellen sich zu einer Verteilung von Luftschutzräumen. Dafür gab es zwei Hauptgründe. Falls riesige öffentliche Luftschutzräume gebaut wurden – die sogenannten „tiefen Schutzräume", die als einzige selbst bei Volltreffern Sicherheit boten –, mußten die Entfernungen zwischen ihnen verhältnismäßig groß bleiben. Das hätte wiederum bedeutet, daß die meisten Schutzsuchenden mehr als sieben Minunten gebraucht hätten, um sie zu erreichen; sie wären auf den Straßen überrascht worden, was zu schweren Verlusten geführt hätte. Außerdem wurde befürchtet, daß sich nach einigen Erlebnissen dieser Art eine „Luftschutzbunker-Mentalität" entwickeln könnte – daß viele Londoner sich in Schutzräume verkriechen und sie nicht mehr verlassen würden. Das hätte nicht nur praktisch unlösbare versorgungstechnische, medizinische und sanitäre Probleme aufgeworfen, sondern auch die Lahmlegung der Londoner Industrieproduktion bedeutet. Überfüllte Luftschutzräume wären nicht nur eine ideale Brutstätte für alle möglichen Krankheiten, sondern auch ein Herd für sämtliche Formen von Massenhysterie von Defätismus bis zur Panik gewesen.

Ein weiterer Grund, der nach Ansicht der englischen Regierung gegen den Bau tiefer Schutzräume sprach, waren die hohen Baukosten. Um die Schutzsuchenden möglichst zu verteilen, wurden deshalb Anderson-Unterstände – hüttenähnliche Konstruktionen aus Wellblech mit gewölbtem Dach, in denen vier bis sechs Personen vor den Auswirkungen eines Fehltreffers sicher waren – in sehr großer Zahl kostenlos an Bedürftige und gegen eine Unkostenbeteiligung von sieben Pfund an Zahlungskräftige abgegeben.

Diese Unterstände sollten in Gärten bis zur Hälfte eingegraben werden und boten, wie sich später zeigte, ausreichend Schutz gegen fast alles, was kein Volltreffer war. Aber im East End gab es viele Straßen, in denen die Häuser Rücken an Rücken standen, so daß kein Platz für Anderson-Unterstände war. Da diese alten Häuser oft schon baufällig waren, hatte es nicht viel Zweck, ebenerdige Räume durch Stahlstützen sichern zu wollen. In solchen Straßen wurden gemauerte Unterstände errichtet, wie sie ursprünglich zum Schutz von auf der Straße von einem Luftangriff überraschten Passanten gedacht gewesen waren, aber diese Bunker sahen nicht sehr sicher aus – und waren es auch nicht. Außerdem wollten die meisten Leute unter der Erde Schutz suchen. Das hatten sie 1918 getan, und das wollten sie wieder tun. Sie fühlten sich in überfüllten Kellern oder U-Bahntunnels wohler und deshalb sicherer. Selbst als sich nach Beginn der Luftangriffe immer wieder zeigte, daß viele der U-Bahntunnels keineswegs sicher und Luftschutzräume in Bahnhofshallen oft Todesfallen waren, zogen verhältnismäßig viele East-End-Bewohner weiterhin das recht illusorische Sichterheitsgefühl in überfüllten Schutzräumen allen anderen Möglichkeiten vor.

Die englische Regierung war entschlossen, diesmal zu verhindern, daß die U-Bahntunnels als Luftschutzräume benützt wurden. Viele von ihnen boten praktisch keinen Schutz gegen die neuen Sprengbomben und waren zudem in Gefahr, überflutet zu werden. Und falls London tatsächlich einmal in Flammen stehen sollte, wäre die U-Bahn das schnellste und beste Transport- und Verkehrsmittel gewesen. Der von der Öffentlichkeit ausgeübte Druck war in dieser Beziehung zu groß, so daß die zuständigen Stellen nachgeben mußten, als dann der Bombenkrieg einsetzte.

Die Organisation des Londoner Luftschutzes blieb während der deutschen Angriffe im nächsten Jahr mehr oder weniger unverändert. Ganz England wurde in Luftschutzgebiete unterteilt, von denen das Gebiet London das geographisch kleinste war. Dieses Gebiet, in dem vor dem Krieg fast neun Millionen Menschen lebten, reichte von Tilbury im Osten bis nach Windsor im Westen und von Biggin Hill im Süden bis fast nach St. Albans im Norden. Die Gebietszentrale befand sich im Geologischen Museum in der Exhibition Road in South Kensington.

Unterhalb des Gebiets standen die Luftschutzabschnitte mit ihren Zentralen. Jeder Abschnitt umfaßte mehrere Stadtgemeinden und hatte vor allem die Aufgabe, Lösch- und Rettungsmannschaften zu entsenden, wenn ein Stadtteil die Folgen eines Luftangriffs nicht mit eigenen Kräften bewältigen konnte. Die Stadtgemeinde war die taktische Einheit des Zivilschutzes und hatte eine eigene Melde- und Befehlszentrale, die im allgemeinen im Rathaus eingerichtet wurde. Jede Stadtgemeinde war wiederum in Luftschutzbezirke unterteilt, die jeweils bis zu 10 000 Personen umfassen konnten.

Das Grundelement war das mit drei bis sechs Luftschutzwarten besetzte Luftschutzrevier. Theoretisch sollte es vier Reviere pro Quadratkilometer geben, so daß jedes Luftschutzrevier etwa 500 Personen zu betreuen gehabt hätte. In der Praxis gab es dann erheblich größere, aber auch kleinere Reviere. Die Luftschutzwarte waren das Rückgrat des englischen Luftschutzes. Bevor die Angriffe begannen, gaben sie Gasmasken aus, sorgten dafür, daß die Verdunkelungsvorschriften eingehalten wurden und berieten die Öffentlichkeit in Fragen des Luftschutzes.

Sobald die Angriffe einsetzten, bestand ihre Hauptaufgabe theoretisch in der Übermittlung von Meldungen. Jedes Revier war mit Telefon ausgestattet, das durch Meldeläufer ergänzt wurde. Der Luftschutzwart, der in seinem zwei oder drei Straßenblocks großen „Sektor" patrouillierte, stellte etwaige Bombenschäden fest und konnte beurteilen, welche Hilfsmannschaften gebraucht wurden. Er meldete seine Erkenntnisse der Zentrale, die dann losschickte, was ihr an Personal zur Verfügung stand: Krankenträger, einen Entgiftungstrupp, falls es sich um einen Gasangriff handelte, oder einen Rettungstrupp, der Verschüttete bergen sollte.

Falls ein Brand ausgebrochen war, alarmierte die Zentrale die Feuerwehr, die als selbständige Organisation dem London County Council (LCC) unterstand. Falls Krankenwagen benötigt wurden – auch sie unterstanden dem LCC –, wurde ihre Entsendung veranlaßt. Schließlich gab es noch die Schweren Rettungs- oder Abbruchtrupps, eine weitere hauptsächlich aus Bauarbeitern bestehende LCC-Organisation, die über das nötige Großgerät für schwierige Bergungseinsätze verfügte.

In der Praxis mußten die Luftschutzwarte natürlich oft

Brände löschen, Bombenopfer bergen und als Krankenpfleger fungieren. Und nach dem Angriff war es ihre Aufgabe, die Ausgebombten an Erholungsheime zu verweisen, anderen bei der Suche nach ihrem unter Trümmern liegenden Eigentum zu helfen, für die Räumung von durch Bombenblindgänger bedrohten Gebäuden zu sorgen und auf tausenderlei andere Weise zu beraten und zu helfen.

In einer 1938 herausgegebenen Dienstanweisung *Die Pflichten von Luftschutzwarten* hatte es geheißen: „Im Krieg sollte der Luftschutzwart sich zuerst und vor allem als Bürger sehen, der als Führer seiner Mitbürger ausgesucht und ausgebildet worden ist, um im Notfall mit ihnen und für sie das Richtige zu tun."

Die weitaus meisten Luftschutzwarte waren unbezahlte Freiwillige, die tagsüber arbeiteten, bevor sie sich abends zum Dienst meldeten. Nur etwa 16000 der insgesamt rund 200000 Londoner Luftschutzwarte waren hauptberuflich tätige Kräfte mit einem nicht gerade fürstlichen Wochenlohn von drei Pfund. Unter ihnen gab es auch eine Anzahl von Luftschutzwartinnen. Die Luftschutzwarte und Feuerwehrmänner sollten sich als die wahren Helden des Bombenkrieges erweisen.

Das waren die Vorbereitungen, die zur Abwehr des Luftangriffs getroffen wurden, mit dem man unmittelbar nach Kriegsausbruch rechnete. In Wirklichkeit blieb der erwartete deutsche Luftangriff auf London am 3. September 1939 nicht nur aus, sondern es scheint auf deutscher Seite nicht einmal Pläne für einen Angriff zu diesem Zeitpunkt gegeben zu haben.

In seiner „Weisung Nr. 1 für die Kriegsführung" vom 31. August 1939 hatte Hitler festgelegt: „Angriffe gegen London bleiben meiner Entscheidung vorbehalten" – und es sollte über ein Jahr vergehen, bevor diese Entscheidung getroffen wurde. Am Morgen dieses Tages wurde allerdings einmal Luftalarm gegeben, aber der Verursacher erwies sich als ein französisches Zivilflugzeug, das unangemeldet aus Frankreich über den Kanal kam und dadurch einen Alarm auslöste. Diese Erkenntnis war jedoch nicht gleich allen Londonern klar, die immer nur gehört hatten, die deutsche Luftwaffe werde London sofort nach Kriegsausbruch „ausradieren". Woher hätten sie wissen sollen, daß die Luftwaffenführung das niemals beabsichtigt hatte?

In den ersten zehn Monaten des Zweiten Weltkrieges gab es keinen deutschen Plan für die Bombardierung Londons. Diese Operation wurde natürlich besprochen, aber wieder zurückgestellt, und Hitler hoffte, daß allein die Angst vor Bombenangriffen die Engländer zur Kapitulation treiben würden. Sollte dies wider Erwarten nicht der Fall sein, würden sie durch Terrorangriffe in die Knie gezwungen werden. Aber das war der letzte Trumpf, der nicht vorzeitig ausgespielt werden durfte.

Daß die Angst im September 1939 in England sehr groß war, ist nicht zu leugnen. Lord Baldwin hatte im Oktober 1938 in einer Unterhausrede festgestellt, wenn es wegen der Sudetenkrise zum Krieg gekommen wäre, „hätte es Zehntausende von Toten und Verletzten – Männer, Frauen und Kinder – gegeben, bevor ein einziger Soldat oder Matrose für sein Vaterland gestorben wäre. Das ist eine schreckliche Vorstellung."

Damit hatte er natürlich recht. Eine am 2. September 1939, dem Tag vor Kriegsausbruch, von Meinungsforschern befragte Frau sagte: „War über die Nachrichten erschüttert.

Hatte das Gefühl, wir würden sofort dranglauben müssen. Wachte um drei Uhr auf und wartete auf Bomben, bis es Zeit zum Aufstehen war.“

Aber am 4. und 5. September blieben die Londoner – abgesehen von den vielen während der Verdunkelung Überfahrenen – weiterhin unverletzt, auch wenn sie noch immer sorgenvolle Blicke zum Himmel warfen. Fast die Hälfte der deutschen Luftwaffe war am anderen Ende Europas beschäftigt, und London bereitete sich auf einen Angriff vor, der noch nicht kam. Da die erwarteten Massenbombardierungen ausblieben, waren die englischen Vorbereitungen nur mäßig erfolgreich. Eineinhalb Millionen Mütter und Kinder wurden – im allgemeinen erstaunlich reibungslos – aus den Großstädten evakuiert, aber bis Jahresende waren davon eine Million, darunter fast alle Mütter, in die Städte zurückgekehrt. Im Mai 1940 lebten schätzungsweise nur noch eine Viertelmillion Kinder bei Pflegeeltern und in Heimen auf dem Land. Die lange geplante Evakuierung, von der sich die Regierung so viel versprochen hatte, war ein Fehlschlag gewesen.

Eine andersartige Evakuierung war erfolgreicher. Über zwei Millionen Menschen verließen bei Kriegsausbruch hastig London mit öffentlichen Verkehrsmitteln oder mit eigenen Autos. Viele von ihnen blieben fort, und die *Times* berichtete Anfang 1941 über Landhotels „voller wohlhabender Flüchtlinge, die allzu oft vor nichts geflohen sind. Sie sitzen und lesen und stricken und essen und trinken ...“

Zweifelllos war es ein großer Vorteil, daß London diese Leute losgeworden war, bevor die Bomben fielen. Sie wären nur im Weg gewesen und verbrachten nun vermutlich einen angenehmen, wenn auch langweiligen Krieg in ihren Landhotels.

In diesen Monaten eines Scheinkrieges litt London hauptsächlich unter der Verdunkelung, die anfangs so streng gehandhabt wurde, daß auf den Straßen nicht einmal Taschenlampen benützt werden durften. Als die Tage kürzer wurden, verwandelten sich der Weg zur Arbeit und der Heimweg bei Dunkelheit in einen langen, erschöpfenden Alptraum. Er war auch gefährlich: Die Zahl der Verkehrsunfälle stieg steil an, bis im Dezember nicht weniger als 40 Fußgänger pro Tag verunglückten. Im Januar sah die Regierung sich gezwungen, die einschneidendsten Bestimmungen, deren Einhaltung häufig mit absurder Strenge erzwungen worden war, etwas zu lockern.

Im ganzen Land waren eineinhalb Millionen Anderson-Unterstände kostenlos verteilt worden, und weitere würden demnächst ausgeliefert werden, so daß die Regierung keine Schuld traf, wenn es Anfang 1940 noch Londoner Haushalte gab, die keinen besaßen. Die im Jahr zuvor in den Parks ausgehobenen Splittergräben wurden überdacht, verkleidet und vergrößert. Die Stadtgemeinderäte erklärten eine Anzahl von Kellern und anderen offenbar widerstandsfähigen Bauten zu öffentlichen Schutzräumen und machten sich daran, sie nötigenfalls verstärken zu lassen.

Der Bevölkerung war nicht offiziell mitgeteilt worden, daß nicht mehr beabsichtigt war, die Benutzung von U-Bahntunnels als Schutzräume zu verbieten, aber einige innerstädtische U-Bahnhöfe wurden geschlossen, damit Schotte eingebaut werden konnten, die ein Überfluten der Tunnels verhindern sollten. Oberirdische Schutzräume aus Mauerwerk und Stahlbeton, die jeweils 50 Personen aufnehmen konnten, wurden rasch fertiggestellt. Tatsächlich waren die staatlichen Luftschutzmaßnahmen im Gebiet London, d.h. die Unterbringung der Bevölkerung in dezentralisierten Schutzräumen, bis Ende des Jahres weitgehend abgeschlossen. Außer den Anderson-Unterständen befanden sich öffentliche Schutzräume für über 800 000 Personen in Bau oder waren bereits fertiggestellt.

Zahlreiche Männer und Frauen – in ganz Großbritannien über eineinhalb Millionen – hatten sich freiwillig zum Luftschutzdienst gemeldet, und in London waren alle vorgesehenen Stellen besetzt. In den Stadtgemeinden waren über 9000 hauptberufliche Luftschutzwarte und über 10000 hauptberufliche Krankenträger einsatzbereit. Die gut organisierten Rettungsdienste verfügten über 12000 Vollzeitkräfte. Die Freiwilligenmeldungen für die Hilfsfeuerwehr hatten einen befriedigenden Stand erreicht, während andererseits 60 Prozent der Kriegsausrüstung an Pumpen und anderem Gerät ausgegeben waren. Das restliche Material wurde im Laufe des Sommers bereitgestellt. Melde-und Einsatzzentralen waren in Schulen und anderen beschlagnahmten Gebäuden eingerichtet worden. Alle Vorbereitungen liefen erstaunlich glatt, und die zuständigen Stellen arbeiteten bemerkenswert tüchtig, wenn man berücksichtigt, welche gewaltige Aufgabe hier zu bewältigen war.

Nun kam es vor allem darauf an, die Bevölkerung über das richtige Verhalten bei Luftangriffen zu belehren, was sich aus zwei Gründen als schwierig erwies: wegen der unüberwindlichen Dummheit und Sorglosigkeit eines Großteils der Bevölkerung – und wegen der zunehmenden Unbeliebtheit des Luftschutzes, insbesondere der Luftschutzwarte, die den Auftrag hatten, die Bevölkerung entsprechend zu belehren.

Dabei konnte niemand behaupten, der Bevölkerung würde zugemutet, schwierige oder komplizierte Dinge zu lernen. Auf einem bei Kriegsausbruch an alle Haushalte verteilten Informationsflugblatt hieß es in Fettdruck: WENN SIE EINEN EIMER WASSER AUF EINE BRENNENDE BRANDBOMBE SCHÜTTEN, EXPLODIERT SIE UND SCHLEUDERT BRENNENDE SPLITTER NACH ALLEN SEITEN. Darunter wurde erläutert, wie Brandbomben mit Sand oder einem Sandsack gelöscht werden sollten. Das klingt ganz einfach. Aber Ende 1939 ergab eine Meinungsumfrage, daß nur ein Drittel der befragten Londoner wußte, was mit Brandbomben zu geschehen hatte. Die häufigste falsche Antwort lautete, man solle „die Bombe ins Wasser werfen“ oder „Wasser auf die Bombe schütten“. Weitere Antworten lauteten:

„Man stellt sich an eine Mauer.“

„Drauflegen.“

„Einem Luftschutzwart überlassen.“

„Man wirft einen Mantel darauf oder wirft sie in einen Gully oder irgendwo ins Wasser.“

„Aufheben und ins Wasser stecken.“

„Nicht anfassen und Ohren steifhalten.“

„Liegenlassen und weglaufen.“

„Darauf achten, daß die dünnen Stellen des Hauses verstärkt bleiben.“

„Gasmaske anlegen.“

Die meisten Leute machten sich nicht die Mühe, dieses oder irgendein anderes Informationsflugblatt zu lesen. Manche betrachteten sie sogar als obskure Beleidigung. Ein

Befragter schilderte seine Reaktion auf sie als „verächtliche und zynische Belustigung“.

Die naheliegendsten Zielscheiben für diesen sich entwikkelnden Zynismus waren die Luftschutzwarte. Sie saßen den ganzen Tag nur herum, wurden anscheinend fürs Nichtstun bezahlt und versuchten vor allem, *uns* zu erzählen, was bei Luftschutzangriffen, zu denen es doch nie kommen würde, zu tun sei.

Sie wurden sogar schon im Oktober 1939 im Unterhaus als „Faulenzer und Parasiten“ angegriffen, und im Januar 1940 wurden im Zuge von Einsparungsmaßnahmen eine Anzahl hauptberuflicher Luftschutzwarte entlassen. Erstaunlich war dabei, daß ein so hoher Prozentsatz auf dem Posten blieb, die bemerkenswert langweilige Ausbildung fortsetzte und dadurch imstande war, sich tüchtig und tapfer zu bewähren, als die deutschen Luftangriffe begannen.

Tatsächlich existierten dumpfe Ressentiments gegen diesen Krieg im allgemeinen, die während des langweiligen und leicht unbehaglichen Winters 1939/40 stetig anwuchsen.

Und so ging der Scheinkrieg weiter. Die auf staatliche Anordnung hin geschlossenen Theater und Kinos wurden allmählich wieder geöffnet. Die Lebensmittelrationierung, eine bei den Engländern stets sehr populäre Maßnahme, weil sie dem bei einigen vorhandenen Drang zur Gleichmacherei und dem notorischen Fairnessempfinden anderer entgegenkommt, wurde eingeführt und galt als augenblicklich erfolgreich. Die Beliebtheit des Ernährungsministers Lord Woolton erreichte Höhen wie sonst nur die Unbeliebtheit seines ebenso fleißigen Kollegen Sir John Anderson, der Innenminister und Minister für Innere Sicherheit war. Die Männer und Frauen der Zivilschutzdienste übten weiterhin für einen Ernstfall, der nach jetziger Überzeugung der Mehrheit der englischen Bevölkerung niemals eintreten würde. Andererseits vergrößerte sich nach Schätzungen des Luftfahrtministeriums die London drohende Gefahr: Es rechnete damit, daß die Deutschen mehrere Tage lang 2000 Tonnen Bomben pro Tag und unbegrenzt lange 700 Tonnen Bomben pro Tag abwerfen können würden. Dabei ging man weiterhin von 50 Toten und Verletzten pro Tonne Bomben aus.

Die Bombardierung Rotterdams öffnete den Engländern die Augen. Als die Deutschen am 10. Mai 1940 in die Niederlande einfielen, wandten sie wieder die Blitzkriegtaktik an, mit der sie in Polen so erfolgreich gewesen waren. Aber diesmal waren sie nicht sofort und auf der ganzen Linie siegreich. General Student, der die Luftlandetruppen kommandierte, wurde in Rotterdam aufgehalten und forderte starke Luftunterstützung an. Die Luftwaffe griff Rotterdam am 13. Mai an, wobei große Teile der Stadt zerstört und viele Zivilisten getötet wurden. Churchill bezeichnete diesen Angriff als „ein Massaker", und die Westmächte hatten damals und später den Eindruck, einen der seit langem erwarteten Terrorangriffe erlebt zu haben. Auch das Ziel solcher Angriffe schien erreicht zu sein, denn die holländische Armee legte am nächsten Tag die Waffen nieder.

Während des Westfeldzugs kam es zu keinen weiteren massiven Luftangriffen auf zivile Ziele, obwohl kleinere Verbände deutscher Bomber Städte in Mittel- und Südfrankreich mit der offenkundigen Absicht angriffen, die Bevölkerung in Angst und Schrecken zu versetzen. Damit waren sie größtenteils erfolgreich. Angst vor etwaigen weiteren Angriffen der deutschen Luftwaffe trug erheblich zur Demoralisierung der Franzosen bei. Diese Angst war zumindest teilweise für die Eilfertigkeit verantwortlich, mit der die französische Regierung kapitulierte, sobald die französischen Armeen besiegt waren.

Das nächste Ziel war offenbar England. Im Juni 1940 wirkte die deutsche Luftwaffe, die jetzt damit beschäftigt war, sich auf einen großen Halbkreis bildenden Flugplätzen einzurichten, von denen aus Großbritannien leicht zu erreichen war, als ein wahrhaft gefährlicher Gegner. Und das war sie auch.

Trotzdem traten die fast panische Angst des Jahres 1938 und die weniger hysterischen, aber vielleicht tiefersitzenden Befürchtungen des Jahres 1939 kaum mehr auf. Das hatte zwei Gründe. Am wichtigsten war die neue Stimmung im Lande, die von dem neuen Premierminister sehr geschickt geschürt und geschmiedet wurde. Winston Churchill war zu kriegserfahren, um Prognosen mit Tatsachen zu verwechseln. Er verschwieg nicht, daß England schwere Zeiten bevorstanden, aber er hielt es für ausgeschlossen, daß es erobert werden könne. Das glaubten auch die Engländer nicht. Sie hatten keine eigenen Erfahrungen mit Niederlagen und konnten sie sich, da sie ein bemerkenswert phantasieloses Volk waren, lediglich als theoretische Möglichkeit vorstellen. Churchills Entschlossenheit und ihre Sturheit ergänzten sich in diesem Sommer auf bewundernswerte Weise. Sir Winston Churchill hat seine eigene Haltung in seiner *Geschichte des Zweiten Weltkrieges* erläutert; die Einstellung der englischen Bevölkerung schildert Peter Flemmings *Invasion 1940.*

Das Wort „Invasion“ ist der Schlüssel zu dem zweiten Grund für den Stimmungsumschwung in England. Bis dahin hatten massive Luftangriffe sozusagen allein die Schlagzeilen beherrscht. Sie waren die Gefahr, sie stellten die große Bedrohung dar. Aber jetzt war die Gefahr einer Invasion nach Auffassung der Bevölkerung ebenso groß, wenn nicht sogar größer. Und dagegen konnte jeder Engländer, jede Engländerin etwas tun. Im Oktober 1938 und im September 1939 hatten die Briten – vor allem die Londoner – ihre Rolle in der bevorstehenden Katastrophe beinahe völlig passiv gesehen: in Luftschutzkellern zusammengedrängt, sich durch Giftgasschwaden vorantastend, auf den Straßen sterbend, als Opfer. Im Juli 1940 sahen sie sich trotz der erwarteten schweren Luftangriffe in einer weiteren Rolle: primitive Handgranaten auf deutsche Panzer werfend, nachts deutsche Fallschirmjäger erdrosselnd – mit einem Wort: kämpfend. Churchills blutrünstige Parole „Einen kann man immer mitnehmen" fand ein breites Echo in der Bevölkerung. Deshalb wurden die Luftangriffe lediglich als Teil des bevorstehenden Kampfes, nicht als abschließende Katastrophe betrachtet.

Das Jammern und Meckern hörte fast schlagartig auf, und nur wenige Engländer achteten noch auf die Stimmen, die wie in einer Tonrille hängengebliebene Grammophonnadeln nicht aufhören konnten, Äußerungen von sich zu geben, die nicht mehr der Stimmung im Lande entsprachen. Die Sozialisten waren in die Regierung Churchill eingetreten; in England herrschte Einigkeit wie selten zuvor; dies war die Zeit des „Geistes von Dünkirchen". Die Bevölkerung hörte auf, über Luftschutzwarte herzuziehen; statt dessen war jedermann darum bemüht, daß seine Nachbarn ihre Häuser ebenso verdunkeln, wie man das eigene Haus verdunkelt hatte. Viele, die aus den Zivilschutzdiensten ausgetreten waren, meldeten sich erneut freiwillig. Millionen von Männern traten in die Heimwehr ein. Ganz England verfolgte wie gebannt die im August 1940 beginnende Luftschlacht, die als Luftschlacht über England in die Geschichte eingegangen ist.

Bekanntlich verfolgten die Deutschen in der Luftschlacht über England die Absicht, als Voraussetzung für eine Invasion die Royal Air Force niederzukämpfen, und Hitler hatte anfangs befohlen, London solle nicht bombardiert werden. Am 24. August 1940 begann jedoch eine Kette von Ereignissen, die Hitler dazu veranlaßten, diesen Befehl zu widerrufen. An diesem Tag bombardierten einige deutsche Flugzeuge versehentlich und entgegen Hitlers ausdrücklichem Befehl die englische Hauptstadt. Churchill ordnete sofort Vergeltungsangriffe an. Schon in der nächsten Nacht entsandte das Bomber Command 81 Maschinen, die Berlin bombardieren sollten. Der angerichtete Schaden war gering. Aber in der folgenden Woche waren die englischen Bomber über Berlin, wann immer das Wetter es zuließ. Für Hitler war das Grund genug, nun seinerseits Vergeltungsangriffe anzuordnen. Am 4. September gab er bekannt, er habe die Absicht, die englischen Städte auszuradieren; am 5. September gingen die entsprechenden Befehle für den Angriff auf London hinaus. Diesmal war der Köder – fall es noch einer war – angenommen worden. Und am 6. September 1940 traf Göring an der Kanalküste ein, um persönlich die Führung der Schlacht um London zu übernehmen, von der diese aufgeblasene Figur sich ewigen Ruhm in Walhall und übrigens auch die Beendigung des Krieges erhoffte.

Zielwechsel auf London

An diesem Samstagnachmittag sollen Göring und Kesselring auf den Klippen von Cap Gris Nez gestanden und beobachtet haben, wie die Bomber der Luftflotte 2 sich formierten und Kurs auf London nahmen, während die Begleitjäger ihre Positionen über und unter den Heinkels und Dorniers einnahmen.

Diese Verbände formierten sich gegen 16 Uhr. Weiter im Süden röhrten die Bomber von Sperrles Luftflotte 3, die die zweite Angriffswelle bildete, auf Flugplätzen in der Normandie und der Bretagne die Startbahnen hinunter und formierten sich ebenfalls. An diesem Nachmittag befanden sich weit über 300 Bomber, die von etwa 600 Jägern begleitet wurden, im Anflug auf London. Der Überraschungsangriff gelang. Der Stab des Fighter Command (Jägerkommandos) in Stanmore und Air-Marshal Parks 11. Fliegerkorps in Uxbridge, das die Anflugwege nach London zu verteidigen hatte, erwarteten noch keinen zusammengefaßten Angriff auf die englische Hauptstadt. Sie hatten allen Grund zu der Annahme, die deutsche Luftwaffe werde ihre erfolgreichen Angriffe auf die Sektorenstationen fortsetzen, und die Jagdstaffeln starteten deshalb mit dem Einsatzauftrag, solche Angriffe abzufangen.

Diese Ziele wären höchstwahrscheinlich angegriffen worden, wenn die Stäbe der Luftflotten 2 und 3 für die Zielfestlegung verantwortlich gewesen wären. Aber dieses Unter-

Ladeninhaber bekleben die Fensterscheiben mit Papierstreifen, um die Auswirkungen der Druckwellen zu vermindern

Entspannte Atmosphäre bei einem Brandwache-Posten

He-111 im Formationsflug auf England

Englands Südküste ist gegen eine Invasion gerüstet

Angesichts der katastrophalen Waffenknappheit müssen die Einheiten der britischen Bürgerwehr mit Holzlatten ausgebildet werden

nehmen war von Hitler befohlen worden und stand unter Görings Aufsicht. Da es aller militärischen Logik widersprach, gelang die Überraschung. Auch wenn dieser Zielwechsel ein strategischer Fehler war – immerhin ist vorstellbar, daß Deutschland als Folge des Bombereinsatzes gegen London den Krieg verlor –, war er ein taktischer Triumph.

Das Unlogische dieses Angriffs verwirrte die englischen Generalstabschefs und führte sie in die Irre. Wie wir wissen, hatten sie völlig zutreffend damit gerechnet, daß der deutsche Invasionsplan einen schweren Angriff auf London unmittelbar vor dem Auslaufen der Invasionsflotte vorsehen würde. Durch Luftaufklärung war bekannt, daß die deutschen Vorbereitungen in den Kanalhäfen so gut wie abgeschlossen waren.

Als die Generalstabschefs, die an diesem Nachmittag zu einer Besprechung zusammenkamen, Bomben in London detonieren hörten und erfuhren, daß der seit langem erwartete Großangriff offenbar begonnen hatte, rechneten sie mit einem Beginn der Invasion innerhalb der nächsten Stunden. Deshalb alamierten sie noch am gleichen Abend alle nachgeordneten Befehlsstellen mit dem Deckwort „Cromwell", das „Invasion steht unmittelbar bevor" bedeutete. Zu diesem frühen Zeitpunkt konnten sie noch nicht ahnen, daß dieser Angriff in Wirklichkeit genau das Gegenteil bedeutete.

Hitler, der mit den bisherigen Leistungen der Luftwaffe nicht zufrieden war und den die technischen Ratschläge von Heer und Kriegsmarine irritierten, ging jetzt zu den brutalen Terrormethoden über, mit denen er in der Vergangenheit im In- und Ausland so spektakuläre Erfolge erzielt hatte. Die Londoner Hafenanlagen waren natürlich ein erstklassiges militärisches Ziel, so daß der Angriff auf sie aus militärischer Sicht völlig gerechtfertigt war – zumindest im Rahmen einer Langzeitstrategie –, denn ihre Zerstörung sowie die Lahmlegung der Häfen Southampton, Bristol und Liverpool hätte es Großbritannien sehr schwierig oder sogar unmöglich gemacht, den Krieg fortzuführen.

Aber das alles hatte fast nichts mit den taktischen Bedürfnissen der deutschen Marine- und Heereseinheiten zu tun, die darauf warteten, das Unternehmen „Seelöwe" durchzuführen. Außerdem ist schwer vorstellbar, daß Hitler, indem er den lange verschobenen Entschluß faßte, ein Ziel mitten in London bombardieren zu lassen, nicht auch seinen sadistisch-grausamen Zerstörungstrieb befriedigte, der einer seiner markanten Charakterzüge war. Aber das sind Spekulationen, die nicht weiter wichtig sind. Wichtig ist in diesem Zusammenhang nur, daß der Angriff auf die Hafenanlagen einen grundlegenden Wechsel der deutschen Strategie bedeutete – weg von dem Unternehmen „Seelöwe", das damals unmittelbar bevorzustehen schien, und hin zu über längere Zeit fortgesetzten Angriffen gegen englische Nachrichten- und Verkehrsverbindungen sowie auf die Kampfmoral der Zivilbevölkerung der britischen Hauptstadt. Strategisch war dieser Luftangriff ein politischer Gewaltakt. Deshalb waren die englischen Streitkräfte etwa ein halbe Stunde lang völlig überrascht.

Die erste Welle folg von Osten an und hatte als Ziele die Hafenanlagen unterhalb der Tower Bridge, das Arsenal Woolwich und die weiter flußabwärts liegenden Ölumschlageinrichtungen. Die englische Flak an Themse und Medway eröffnete gegen 17 Uhr das Feuer auf die nach Westen fliegenden vordersten deutschen Verbände. Eine Viertelstunde später fielen die ersten Bomben auf das Arsenal Woolwich – ein wichtiges militärisches Ziel – und beschädigten außerdem zwei wichtige Fabriken. Andere Staffeln flogen weiter, um West Ham, Poplar, Stepney und Bermondsey zu bombardieren, die Londoner Stadtteile an beiden Ufern der großen Doppelschleife der Themse, an denen die Victoria & Albert Docks, die West India Docks und die weitläufigen Surrey Commercial Docks liegen.

Nachdem sie ihre Ziele erreicht hatten, drehten sie nach Norden ab und wurden nun ihrerseits von etwa sieben Jagdstaffeln der 11. und 12. Fliegerkorps angegriffen. Sie mußten dabei Verluste hinnehmen, aber ihre Bomben waren im Zielgebiet detoniert, wo jetzt bereits Großbrände entstanden.

Unterdessen stieß die zweite Welle aus Süden und Südosten gegen die Hauptstadt vor. Ein Teil der Bomber wurde von englischen Jägern abgefangen, bevor sie London erreichten, und eine RAF-Staffel führte ein Rückzugsgefecht über die ganze Hauptstadt hinweg. Im allgemeinen gelang es den Messerschmitts jedoch, ihren Kampfflugzeugen den Weg zu bahnen, und das Zielgebiet wurde erneut schwer bombardiert. Die Bomben – über 300 Tonnen Sprengbomben und viele Tausende von Brandbomben – fielen nicht nur auf die Hafenanlagen, sondern auch auf die schäbigen, dichtgedrängten und leicht brennbaren kleinen Häuser in den Arbeitersiedlungen.

In eineinviertel Stunden erlebte London den schwersten und konzentriertesten Tagesangriff dieses Krieges. Obwohl noch in Tottenham und Croydon deutsche Bomben fielen, hatte das East End die Hauptlast des Angriffs zu tragen. Um 18.30 Uhr waren ganze Straßenzüge mit kleinen eingeschossigen Häusern, die so schnell und billig aus dem Boden gestampft worden waren, wie die Bauspekulanten des 19. Jahrhunderts sie hatten hinstellen können, in Schutt und Trümmern versunken. Für Nichtlondoner oder Städteplaner waren diese heruntergekommenen, alten, baufälligen Häuser vielleicht nur Slums, so daß es heutzutage manchmal heißt, der deutsche Angriff habe die Funktion des Skalpells eines Chirurgen übernommen und diese krebsartigen Wucherungen endgültig beseitigt. Aber für die Bewohner dieser trübseligen, schmutzigen Straßen waren diese Häuser, Läden und Pubs die Heimat. Um 18.30 Uhr waren bereits viele Gebäude vernichtet – und die Brände breiteten sich erst richtig aus.

Es gab keine Möglichkeit, sie zu löschen, bevor es dunkel wurde, so daß sie als gewaltiges Leuchtfeuer neue Bomberströme mit weiteren Spreng- und Brandbomben anlocken würden. Bei diesem größten Tagesangriff verloren die Deutschen über 40 Maschinen, aber die bereits bis zur Grenze des Erträglichen beanspruchte RAF büßte ihrerseits 28 Jagdflugzeuge und 17 Piloten ein, die sie schlecht entbehren konnte. Und das East End brannte. Göring konnte sich also zu einem Sieg gratulieren. Das tat er in seiner üblichen prahlerischen Art noch am gleichen Abend im deutschen Rundfunk.

Als die Sonne sich im Westen dem Horizont näherte, waren die Großbrände kilometerweit zu sehen. In allen Londoner Stadtteilen richteten sich die Blicke zur Isle of Dogs. Mr. Maxwell-Hyslop, der im damaligen Erziehungsministerium arbeitete, schilderte diesen Abend später:

„Wir waren in Richmond bei Freunden zum Tee eingeladen gewesen. Wir kamen gegen fünf Uhr auf unseren Fahrrädern zurück und sahen eine gigantische pilzförmige Rauchwolke. Sie war so groß und ragte so weit zum Himmel auf, daß man gar nicht glauben konnte, daß sie aus Rauch bestehe, und wir wußten lange nicht, was das sein konnte. Wir hatten Flakgeschütze und die Sirenen gehört, aber wir hatten uns so was nie träumen lassen. Dann erreichten wir den höchsten Punkt eines Höhenzuges im Richmond Park und sahen diesen Rauch, diese Rauchsäule und sagten: Großer Gott, das muß irgendwo bei Hammersmith sein! Und wir radelten weiter und sagten: Na, dann ist's eben Chelsea. Dann waren wir schließlich zu Hause und merkten erst jetzt, daß die Rauchsäule noch immer 15 bis 20 Kilometer von uns entfernt war. Wir gingen auf den Dachboden unseres Wohnhauses und hatten dort einen Blick über den gesamten Horizont mit dieser rotglühenden, zum Himmel aufragenden Rauchsäule – ein grausiger Anblick."

Den Bränden näher war Dr. Matthews, der an diesem Abend diensthabende Dekan der St.-Pauls-Kathedrale. „Im Inneren der Kathedrale", hat er geschrieben, „war es so hell, daß die bunten Glasfenster leuchteten, wie ich es noch nie zuvor erlebt hatte."

Am gleichen Abend gegen 20 Uhr starteten die deutschen Bomber zu einem Nachtangriff von ihren Flugplätzen aus. Knapp eine Stunde später, als die Dunkelheit herabsank und die Brände heller loderten, fielen die ersten Bomben in das Flammenmeer. Ganz London fragte sich, was unter dieser Decke aus waberndem, rotglühenden, öligen Rauch geschehen mochte.

Der Chronist der Londoner Feuerwehr hat in *Front Line* geschrieben:

„Vier Fünftel der eingesetzten Feuerwehrmänner hatten keine praktische Erfahrung in der Brandbekämpfung. In Friedenszeiten ist ein Brand mit 30 Löschfahrzeugen schon ein riesiger Großbrand. Kurz nach Mitternacht wüteten in London neun Brände, zu deren Bekämpfung jeweils über 100 Pumpen nötig waren. In den Surrey Docks waren es zwei mit 300 beziehungsweise 130 Pumpen; im Arsenal Woolwich war es eines mit 200 Pumpen; auf dem Güterbahnhof Bishopsgate und an fünf weiteren Stellen der Hafenanlagen wurden jeweils über 100 Pumpen eingesetzt. Alle diese Brände waren praktisch außer Kontrolle.

Auf dem Quebec Yard in den Surrey Docks wütete der größte Brand dieser Nacht – auf riesiger Fläche, mit beängstigender Geschwindigkeit fortschreitend und schreckliche Hitze erzeugend. Er war dreißig- bis vierzigmal größer als der Barbican-Großbrand des Jahres 1938, der größte Brand in Londons neuerer Geschichte. Er ließ die hölzernen Eisenbahnschwellen in Flammen aufgehen, was sonst noch nie beobachtet worden war.

Ein Großbrand auf solcher Fläche ist nicht nur entsprechend seiner Fläche schlimmer als ein kleinerer Brand, sondern viel schwieriger zu bekämpfen, als sein bloßer Umfang erwarten ließe. Je größer die Gesamthitze ist, desto stärker ist der Sog, mit dem kalte Außenluft angesaugt wird, was wiederum die Ausbreitung des Brandes begünstigt und die Flammen um so länger werden läßt. Sie waren so lang und so heiß, daß der Anstrich von Feuerlöschbooten, die im Lee des gegenüberliegenden Ufers in über 250 Meter Entfernung an den Brandherd heranzukommen versuchten, Blasen warf. Massive 20 bis 30 Zentimeter lange brennende Holzstücke wurden bis in weit entfernte Straßen geschleudert, wo sie neue Brände entfachten. Holzstapel, die von Feuerwehrmännern unter Wasser gesetzt worden waren, begannen sofort zu dampfen, zu trocknen und sich dann in der von den Bränden ausgestrahlten intensiven Hitze selbst zu entzünden.

Während die Männer diesen ungeheuren Großbrand bekämpften, warf der Feind die ganze Nacht hindurch weitere Bomben hinein. Es passierte immer wieder, daß sie Gebiete in Brand setzten, die eben erst mühsam gelöscht worden waren. Erst bei Tagesanbruch waren sichtbare Fortschritte möglich. Die erschöpften Männer konnten nicht nach normaler Einsatzdauer abgelöst werden, weil alle Wehren bis zum letzten Mann im Einsatz standen. Viele Feuerwehrmänner arbeiteten hier 40 Stunden lang, manche Führer noch länger. So erhielten die meisten während des Krieges in London eingesetzten Feuerwehrmänner ihre Feuertaufe."

Im Arsenal Woolwich kämpften Feuerwehrmänner zwischen Kisten mit scharfer Munition und Behältern mit Nitroglyzerin in einem Bombenhagel, der dem wichtigsten militärischen Ziel Londons galt, gegen die Flammen an. Aber im Hafen selbst ereigneten sich seltsame Dinge. Es gab Pfefferbrände, in deren Umgebung die Luft voller Pfefferteilchen war, so daß die Feuerwehrmänner, die dort tief Luft holten, das Gefühl hatten, Feuer einzuatmen. Dann gab es Rumbrände, bei denen brennender Alkohol aus Lagerhäusern strömte und Rumfässer wie Bomben explodierten.

Es gab auch einen Lackbrand – eine weitere Kaskade weißglühenden Feuers, das die Löschfahrzeuge mit einer Farbschicht überzog, die sich wochenlang nicht entfernen ließ. Ein Gummibrand erzeugte schwarze Rauchschwaden, die solche Erstickungsanfälle hervorriefen, daß der Brand nur aus einiger Entfernung bekämpft werden konnte, wobei die Löschmannschaften stets in Gefahr waren, im Rauch zu ersticken. Zucker scheint in flüssiger Form gut zu brennen, wenn er in den Hafenbecken auf dem Wasser schwimmt. Tee brennt mit heller Flamme, die „süßlich, ekelerregend und sehr stark“ riecht. Einem der Männer erschien es seltsam, kaltes Wasser auf heiße Teeblätter zu gießen. Aus einem brennenden Getreidesilo stiegen ganze Wolken schwarzer Fliegen auf, die sich in Schwärmen auf Mauern niederließen, wo sie von Feuerwehrmännern mit Wasserstrahlen abgespült wurden. Anderswo traten Hunderte von Ratten auf. Und von verbranntem Weizen blieb eine klebrige Masse übrig, „die einem die Stiefel auszieht“.

Im Hafengelände lagerten erstaunlich große Holzmengen, darunter viel leicht entflammbares Nadelholz, das zum Teil noch auf Schleppkähnen verladen war. Diese brennenden Schleppkähne wurden nach Möglichkeit von ihren Liegeplätzen losgeschnitten, trieben steuerlos flußabwärts – und kamen dann mit der einsetzenden Flut noch immer brennend zurück. Das Chaos war unvorstellbar.

Es wäre falsch, sich die Londoner Hafenanlagen einfach als große Flächen mit Lagerhäusern, Kais und Wasser vorzustellen, die normalerweise von Nachtwächtern kontrolliert und jetzt von Feuerwehrmännern gelöscht wurden. Zwischen und in ihnen lebten viele Menschen. Zwischen Surrey Docks und Themse sowie auf dem Nordufer in Silvertown zwischen Victoria Docks und Themse lagen schmale Siedlungsgebiete mit Häusern, Missionen und Pubs. Die dort lebenden Menschen sahen sich jetzt von Bränden eingeschlossen, während aus dem von Motorenlärm dröhnenden Himmel Bomben auf sie herabheulten.

In Bermondsey heißt das Wohngebiet zwischen Surrey Commercial Docks und Themse bei den Einheimischen „Down Town“. Eine Hauptstraße, die Rotherhithe Street, erschließt die stumpfe Halbinsel kreisförmig, während kurze, enge Seitenstraßen von ihr abzweigen und eine weitere Straße, die Redriff Road, durch die weitläufigen Hafenanlagen vom „Festland“ herüberführt und die Verbindung zur Rotherhithe Street herstellt. Drei Brücken verbinden also die „Down Town“ mit dem riesigen Labyrinth aus Fabriken, Rücken an Rücken stehenden kleinen Wohnhäusern und schmutzigen Güterbahnhöfen, aus dem Bermondsey damals bestand.

Als die Hafenanlagen brannten, wurden die Bewohner der Down Town evakuiert, und viele von ihnen fanden in der Schule in der Keeton’s Road Zuflucht. Aber das Gebäude war kein Schutzraum und keineswegs für die Aufnahme von Ausgebombten eingerichtet. Andererseits mußten diese Menschen irgendwo untergebracht werden. Einige Stunden später erhielt das Schulgebäude Bombentreffer, wobei es zahlreiche Tote gab.

Mr. O’Connell war Luftschutzwart im Luftschutzrevier L an der Rotherhithe Street. Bevor die deutschen Luftangriffe begannen, war ihm mitgeteilt worden, daß sein Revier in der Gefahrenzone I liege, was allerdings nicht übertrieben war. O’Connell war hauptberuflich Luftschutzwart und hatte in dieser Nacht Dienst. Er schilderte seine Erlebnisse folgendermaßen: „Unser erster Großbrand brach auf Bellamy’s Wharf aus, und danach kam es zu einem bei der Surrey Lock Bridge, den wir nach besten Kräften zu löschen versuchten, was uns auch einigermaßen gelang. Dann folgte eine kurze Ruhepause, bevor es in der Dixon Street brannte, wo ein Mordsbrand entstand, bei dem sich alle in dieser Straße Eingesetzten hervorragend bewährten, als es darum ging, die Brandbomben und alles andere zu löschen. Zwei Feuerwehrmänner, die bei der Brandbekämpfung schwere Verletzungen erlitten hatten, wurden in mein Revier gebracht, wo ich sie ganz ausziehen und ihnen zwei Overalls geben und sie sich aufwärmen lassen mußte, weil sie von Öl trieften. Und dann ging die Farbenfabrik Capsull hoch. Wir hatten alle Befehl, auf in unserem Gebiet abspringende Fallschirmjäger zu achten."

Ziemlich genau zu diesem Zeitpunkt gaben die Generalstabschefs das Kodewort „Cromwell" aus. „Und dann kam dieses Ding vom Himmel, das wir die ganze Zeit für einen Fallschirmspringer hielten, aber es war zufällig eine Luftmine, die noch im Hafenbereich niederging und die Farbenfässer in Brand setzte, und danach hatten wir Bellamy's Wharf – das Eierlagerhaus. Nun, wir wußten natürlich, daß wir auf Bellamy's Wharf sehr viele Leute in einem Schutzraum hatten – übrigens auch auf Globe Wharf. Ich hatte einen hübschen Haufen Leute dort drin, und in dieser Nacht brannte es über dem Schutzraum lichterloh. Ich rief einen meiner Leute unauffällig heraus und sagte zu ihm: Bill, wir müssen die Leute von hier wegbringen. Daraufhin brachte ich alle raus, sogar auf unseren eigenen Müllwagen."

Einige dieser Geretteten wurden dann in der Schule in der Keeton's Road untergebracht. Unterdessen ging der Luftangriff weiter. Noch schwieriger wurden die Probleme dieser Nacht durch herumliegende Bomben mit Zeitzündern, von denen zumindest eine in O'Connells Luftschutzrevier detonierte. „Danach wurde es etwas ruhiger, bis wir den nächsten Großbrand hatten. Und wir hatten einen Leichter mit einer sehr brennbaren Ladung – nämlich Alkohol –, den wir losschneiden und dem Fluß übergeben mußten. Und dann war die Pier selbst ein Flammenmeer wie die Holzkähne, die meine Leute von ihren Liegeplätzen losschnitten, um das andere Schnittholz zu retten, wobei ich allerdings glaube, daß das verlorene Liebesmüh war."

Und so ging es die Nacht hindurch weiter. Am Ende der Spa Road in Bermondsey war im Badehaus eine Erste-Hilfe-Station eingerichtet worden. Auch für die Ärzte und Krankenschwestern war dies die Nacht, in der sich ihre Ausbildung in den vergangenen ruhigen Monaten bewähren mußte. Dr. Morton, eine dort tätige Ärztin, hat eine der Überraschungen dieser Nacht und der folgenden Monate geschildert:

„Bei der Ausbildung der Ersthelfer hatten wir viel Zeit darauf verwandt, ihnen zu erklären, wie wichtig Keimfreiheit sei: Daß sie sich die Hände waschen sollten, bevor sie Wunden berührten, und daß sie auf Keimfreiheit beim Anlegen von Verbänden achten müßten. Aber schon in der allerersten Bombennacht war das alles hinfällig.

Was einem vor allem auffiel, waren die Riesenmengen Schmutz und Dreck, der Schmutz und Dreck von Jahrhunderten, die bei jeder Detonation aufgewirbelt wurden. Alle Verletzten kamen unglaublich verdreckt herein. Ihre Köpfe waren voller Staub und Schmutz, ihre Haut war porentief schmutzig, und es erwies sich als völlig unmöglich, auch nur andeutungsweise keimfrei zu arbeiten."

Trotzdem kam es zu Dr. Mortons großer Überraschung in fast keinem der von ihr weiterverfolgten Fällen zu einer Sepsis. Man behalf sich, so gut man eben konnte. „Im Badehaus in Bermondsey, wo wir unsere Erste-Hilfe-Station hatten, spritzten einige der Badewärter die Leute mit Wasserschläuchen ab. Dadurch wurde ihr Haar sauber, und sie bekamen eine richtige Kopfwäsche, bevor wir uns um sie kümmerten, und sie waren sehr dankbar dafür, daß sie den Schmutz aus ihrem Haar, ihren Ohren, ihren Nasen und so weiter bekamen."

Am Abend des 7. September 1940 half Polizeisergeant Peters bei den Rettungsarbeiten, über die er folgendes berichtete:

„Der erste größere Vorfall, mit dem ich zu tun hatte, betraf die Schule in der Keeton's Road. Aus Rotherhithe war die Bevölkerung evakuiert worden, weil die Hafenanlagen in hellen Flammen standen, und ein Teil dieser Leute wurde mir ihrer gesamten Habe, ihren Angehörigen und den geretteten Lebensmitteln in der Schule in der Keeton's Road untergebracht.

Kurz nach 22 Uhr erhielt das Schulgebäude einen Bombentreffer, und ich wurde – gemeinsam mit weiteren Beamten – dorthin beordert. Als wir die Schule erreichten, betraten wir sie vom Spielplatz aus. Einige der Räume waren bereits ausgebrannt. In einem Zimmer sah ich einen Feuerwehrmann auf einem provisorischen Bett liegen, und sein Gesicht sah aus, als habe ihm jemand die Haut abgezogen.

Unweit davon durchstöberten ein Kollege und ich einige Trümmer, und nach einiger Zeit bückte mein Kollege sich und zog etwas aus dem Schutt hervor. Er hielt es für ein Stück Brot. Aber es erwies sich als Teil eines kleinen Kindes, als die obere Körperhälfte, die oberen Gliedmaßen eines kleinen Kindes. Das brachte uns so durcheinander, daß wir auf die Straße zurückgingen. Auf dem Gehsteig und der Fahrbahn lagen mehrere Gestalten. Ich blieb kurz stehen, um sie zu betrachten. Nach einiger Zeit standen manche von ihnen auf, und zu meiner Erleichterung waren nicht alle tot. Aber einige von ihnen waren tot.“

So erlebte Bermondsey den ersten deutschen Luftangriff. In den benachbarten Stadtteilen Southwark und Deptford, Greenwich und Woolwich sowie nördlich der Themse in Stepney, Poplar, West Ham und East Ham sah es ähnlich aus.

Beispielsweise hat Mr. Cotter, der stellvertretende Luftschutzleiter in Poplar, über die Angriffe auf diese Stadtgemeinde geschrieben:

„Einleitend muß sofort festgehalten werden, daß es sich als unmöglich erwiesen hat, ein genaues Verzeichnis aller Bomben aufzustellen, die am Nachmittag und Abend des 7. September und in den Morgenstunden des 8. September auf die Stadtgemeinde abgeworfen worden sind. In zwölf Stunden fielen 22 unserer 35 Telefone aus, was dazu führte, daß die Luftschutzwarte nur noch eintretende Verluste durch Meldeläufer oder über irgendein zufällig funktionierendes Telefon meldeten.

Beispielsweise ging in einem Luftschutzrevier eine ganze Serie von sechs Bomben nieder, von denen zwei Menschenverluste hervorriefen, während die anderen mehr oder weniger schwere Sachschäden verursachten. Der betreffende Luftschutzwart begnügte sich fast unweigerlich damit, die Verluste zu melden, und nahm sich vor, am nächsten Morgen eine Liste aller Sachschäden zusammenzustellen.

Bedauerlicherweise brachte der Sonntag, der 8. September, weitere feindliche Angriffe, so daß dieser Vorsatz niemals in die Tat umgesetzt wurde. In den ersten acht oder zehn Tagen waren alle damit beschäftigt, Verletzte zu bergen und in Krankenhäuser zu schaffen. Es war meiner Ansicht nach ganz natürlich, daß viele Bomben nicht mitgezählt wurden, als endlich eine Aufstellung gemacht werden sollte. Außerdem hatten ein gutes Drittel unserer Leute selbst Schwierigkeiten: Verwandte waren getötet oder verletzt worden, Häuser waren zerstört oder so schwer beschädigt, daß sie nicht mehr bewohnbar waren, so daß sofort Notquartiere für Ehefrauen und Angehörige gefunden werden mußten. In zehn oder zwölf Revieren schliefen die Luftschutzwarte auf Stühlen, kochten sich primitive Mahlzeiten und lebten ganz allgemein von der Hand in den Mund. Überall um sich herum sahen sie Freunde und Nachbarn zusammenpacken und Vorbereitungen für den Umzug in weniger gefährdete Stadtteile treffen. Obgleich sie niemals wußten, was noch kommen würde, entschieden sie sich von sehr wenigen Ausnahmen abgesehen dafür, zu bleiben und ihre Pflicht zu tun.

132 Vorfälle am 7. September – eine einzige Angriffsnacht brachte bereits die Gesamtzahl, unter der vom Glück begünstigte Gebiete in fünf Kriegsjahren zu leiden hatten. Berücksichtigt man die aus den oben genannten Gründen nicht gemeldeten Bomben, die unzähligen Brandbomben, die in die Hafenbecken gefallenen Bomben und die in dem riesigen Devas-Street-Brand abgeworfenen Bomben, muß dieses rund 6,5 Quadratkilometer große Gebiet die größte Bombendichte ganz Londons erreicht haben.

In allen entfernteren Teilen der Metropole richteten sich Augen auf das Flammenmeer in der Devas Street (den Brand der Hafenanlagen), und Zehntausende von Menschen fragten sich, was dort geschehe. Sie konnten nicht sehen, wie serienweise Bomben in die Flammen fielen und brennende Holzstücke, Glut und Funkenregen bis zu 100 Meter hoch aufspritzen ließen. Sie konnten nicht beobachten, wie Trupps von Luftschutzhelfern verschüttete Anderson-Unterstände freischaufelten und die benommenen und halb erstickten Insassen an die belebende Luft brachten, die trotzdem rauchig war und nach verbranntem Holz roch. Sie konnten sich nicht vorstellen, wie Luftschutzwarte über Schutt und Trümmer kletterten und wegen der ausgefallenen Telefone zu Fuß zur Zentrale hasteten, um neue Vorfälle zu melden. Sie konnten sich kein Bild davon machen, wie Feuerwehrmänner, von denen viele buchstäblich ihre Feuertaufe erhielten, von Brandherden weggeschleudert wurden, während sie Schläuche und Abzweigstücke weiterhin verbissen umklammert hielten. Sie konnten nicht sehen, wie das schwitzende, erschöpfte, hungrige Personal der Luftschutzzentralen ununterbrochen neue Trupps losschickte, und nicht hören, wie die Telefonistin erschrocken tief Luft holt, als sie die Meldung entgegennimmt, daß ihr eigenes Haus getroffen worden ist.

Es wäre unmöglich, sämtliche Berichte über Tapferkeit und Pflichtbewußtsein von Angehörigen aller Zivilschutzdienste wiederzugeben. Die meisten von ihnen erlebten zum erstenmal gewaltsamen Tod und großflächige Zerstörungen. Während der schweren Bombenangriffe und angesichts der von allen Seiten gemeldeten Verluste konnte es niemanden geben, der nicht irgendwann in dieser ersten Nacht seine oder ihre eigenen Überlebungsaussichten abzuschätzen versuchte und dabei zu dem offenkundigen Schluß gelangen mußte, sie seien ziemlich schlecht.

In einer Beziehung wurde unsere Aufgabe durch die am 7. September beginnende und in den folgenden Wochen fortgesetzte Völkerwanderung gewaltig erleichtert. Um 19 Uhr am ersten Tag rollte, als ‚Entwarnung' gegeben worden war, eine richtige Kolonne von Kraftfahrzeugen, in denen ganze Familien saßen und hoch mit Gepäck beladen waren, aus den Seitenstraßen in Richtung Bow Road und East India Dock Road und fuhr nach Westen weiter.

Manche fuhren zu Freunden in weniger gefährdeten Londoner Stadtteilen, während andere entschlossen waren, die Stadt zu verlassen, solange die Angriffe andauerten. In den ersten Tagen wurden alle nur verfügbaren Transportmittel eingesetzt, um die für die Haushaltsführung notwendigen Gegenstände fortzuschaffen – Geschirr, Töpfe und Pfannen, ein paar Möbelstücke. Ponywägelchen, Handkarren, Kinderwagen und Fahrräder mit schwerbeladenen Gepäckträgern rollten in stetigem Strom aus dem Stadtviertel. Auf dem U-Bahnhof der Metropolitan Line und an fast allen Bushaltestellen waren mit Koffern und Schachteln beladene Familien zu beobachten, die das Gefahrengebiet verließen. Viele von ihnen waren obdachlos geworden und besaßen nur noch die Kleidung, die sie auf dem Leib trugen, und vielleicht ein paar aus den Trümmern gerettete Gegenstände."

Poplar war ein gut verwalteter Stadtbezirk. Stadtrat Key, später Regionalkommissar für Schutzraumbauten, hatte den Luftschutz mit überragender Tüchtigkeit organisiert. Außerdem hatte Poplar das Glück, als Luftschutzleiter E.H. Smith zu haben, der später Bürgermeister dieser Stadtgemeinde und mit dem Georgskreuz ausgezeichnet wurde.

Dem Autor ist versichert worden, daß Poplar in diesen ersten schrecklichen Wochen durchgehalten habe, sei hauptsächlich Smith und Cotter zu verdanken. Die beiden waren jede Nacht die ganze Nacht unterwegs, besuchten fast alle Schutzräume, waren überall, wo größere Bombenschäden auftraten, gaben den Luftschutzwarten durch ihr Vorbild ein Beispiel und zeigten der Einwohnerschaft von Poplar, daß sie weder vergessen war noch vernachlässigt wurde.

Natürlich gab es auch andere pflichtbewußte Männer: Geistliche, Ärzte, Angestellte der Stadtverwaltung und vor allem der Stadtsyndikus und sein Stellvertreter. Aber Smith und Cotter waren die Männer, die in der Öffentlichkeit auftraten und durch ihre Zähigkeit und Zuverlässigkeit erreichten, daß es in Poplar kein Stimmungstief gab.

Stadtrat Smith war in Poplar geboren und aufgewachsen: Er sprach die Sprache der Bewohner dieses Viertels, teilte ihre politischen Überzeugungen, die deutlich links der Mitte angesiedelt waren, und war vor allem eine auf den ersten Blick erkennbare Führerpersönlichkeit. Er war viele Jahre lang Berufssoldat gewesen, hatte als Tambour angefangen und war 1916 zum Tapferkeitsoffizier befördert worden, was eine seltene Auszeichnung war. Cotter, ein ruhiger, zurückhaltender Ire, ein ehemaliger Offizier der Munster Fusiliers, war vielleicht der ideale Stellvertreter für den hemdsärmeligen Smith. Diese beiden erreichten, daß Poplar im Jahre 1940 durchhielt.

Und die Organisation – der Luftschutzdienst –, die von ihrer Wesensart geprägt war, konnte in mancher Beziehung als einzigartig gelten. Sie war vor allem völlig demokratisch. Im West End und in den Wohnbezirken gab es zahllose potentielle oder tatsächliche Führer, auf die man zurückgreifen konnte, als es galt, Luftschutzwarte zu bestellen. In Poplar war dies keineswegs der Fall. Deshalb wurde beschlossen, die Luftschutzwarte nicht zu ernennen, sondern zu wählen.

Und das taten die Einwohner von Poplar von 1939 an. In jedem Luftschutzrevier war der für die Sicherheit und den Schutz der Einwohner verantwortliche Luftschutzwart ein von ihnen selbst gewählter Mann aus ihrer Mitte.

Während der deutschen Angriffe war die Beteiligung an diesen Wahlen weit höher als bei allen Stadtrats- oder Unterhauswahlen zuvor oder danach. Im Zweiten Weltkrieg ist viel über die Verteidigung der Demokratie geschrieben worden. Stadtrat Smith' Luftschutzdienst war ein leuchtendes Beispiel für eine sich selbst verteidigende Demokratie.

Und die von ihren Nachbarn und Freunden zu der gefährlichen Ehre, die Straßen abgehen und „Vorfälle" – ein eigenartig bürokratisches Wort, das alle nur möglichen schrecklichen Folgen feindlicher Luftangriffe bezeichnete – kontrollieren zu dürfen, bestimmten Männer und Frauen, waren sich der erhaltenen Auszeichnung und der genauen Beobachtung, unter der ihr Verhalten stand, sehr bewußt.

Mit diesen Worten hat Mr. Cotter die Einstellung der Luftschutzwarte zu ihrer Aufgabe und zueinander charakterisiert. (Hier wäre vielleicht noch anzufügen, daß eines der ungeschriebenen Gesetze besagte, daß ein Luftschutzwart niemals selbst Schutz suchen dürfe. Er konnte sich in seiner dienstfreien Zeit selbstverständlich in einen Anderson-Unterstand zurückziehen oder vorübergehend einen Straßenbunker betreten, um sich vor einer Bombenserie in Sicherheit zu bringen, aber die großen Schutzräume und die U-Bahntunnels waren nichts für ihn.)

„Was für Menschen waren unsere Luftschutzwarte? In Poplar hatten wir eine recht hemdsärmlig auftretende Truppe. Wenn sie einen mochten, nannten sie einen meistens

‚Kumpel' – unabhängig vom Dienstgrad des Angesprochenen; hielten sie einen für gerade noch passabel, nannten sie einen ‚Mister'; konnten sie einen nicht leiden, sagten sie im allgemeinen ‚Sir'. Ihr Zusammenhalt basierte lediglich auf einer Art Disziplin, die sie sich selbst auferlegt hatten: der Angst, daß ihre Kameraden glauben könnten, sie täten weniger als ihre Pflicht – sie hatten richtig Angst vor ihren Kameraden.

Wir erlebten den eigentlich tragischen Fall eines Luftschutzwarts – übrigens eines guten Mannes –, der eines Nachts zufällig in einem U-Bahntunnel gesehen worden war. Er war dort mit seiner Frau gewesen. Am nächsten Morgen erschien er mit seinem gewohnten fröhlichen Gruß in seinem Luftschutzrevier, aber dort wollte keiner mit ihm reden. Die anderen strichen sogar seinen Namen aus dem Dienstplan und weigerten sich, außerdienstlich mit ihm zu verkehren. Wir mußten ihn natürlich in ein anderes Luftschutzrevier versetzen. Das Traurige an dieser Geschichte war die Tatsache, daß der Betreffende allein niemals einen Tunnel aufgesucht hätte. Aber seine Frau hatte darauf bestanden, daß er sie begleite. Und jeder Verheiratete wird wissen, was ich damit meine ..."

Poplar überstand die schreckliche Prüfung dieser ersten Bombennacht. West Ham, sein Nachbar jenseits des Flusses Lea, wäre darunter beinahe zusammengebrochen.

An dieser Stelle müssen wir uns kurz mit West Ham beschäftigen, denn dieser Verwaltungsbezirk war in einigen wichtigen Punkten außergewöhnlich.

Als Folge der Industrialisierung im 19. Jahrhundert bestanden große Teile von West Ham aus Slums. Im Norden dieses Bezirks an der Romford Road lagen und liegen noch heute bessere Wohngebiete für leitende Angestellte. Aber der Süden – das Gebiet an der Themse – war ausgesprochen schlimm. Am schlimmsten waren Canning Town, nördlich der Victoria and Albert Docks, und Silvertown, der Bereich zwischen diesen Docks und der Themse. Im Jahre 1940 lebten dort etwa 13000 Menschen auf weniger als 2,5 Quadratkilometern, von denen ein Großteil mit Fabriken bedeckt war. Die Häuser lagen in schmalen, überbevölkerten Streifen zwischen Docks und Fabriken: baufällige, schmutzige Gebäude, viele davon Herbergen für Seeleute und ihre Frauen. Silvertown war nicht nur tatsächlich schwer zugänglich, sondern seine Einwohner fühlten sich auf andere, subtilere Weise von dem übrigen West Ham mit seinen Kinos, Schulen und Parks abgeschnitten. Silvertown war, was Unterhaltung und Freizeitgestaltung betraf, auf seine eigenen bescheidenen Möglichkeiten angewiesen. West Ham als Ganzes wies die höchste Anzahl von Pubs pro 1000 Einwohner aller Stadt- und Landgemeinden Südenglands auf.

Als nicht zum London County Council gehörende Landgemeinde hatte West Ham bei Verhandlungen mit den für das Luftschutzgebiet London Zuständigen und dem Innenministerium eine stärkere Position als die Stadtgemeinden. Vor Beginn der deutschen Luftangriffe hatte der dortige Rat diese Tatsache wo immer möglich ausgenützt. Der Wahlbezirk West Ham befand sich seit 1916 fest in der Hand der Labour Party – er hatte 1892 mit Keir Hardie den ersten Abgeordneten der Independent Labour Party ins Unterhaus entsandt –, und im Jahre 1940 gehörten 57 seiner 64 Ratsmitglieder der Labour Party an.

Viele von ihnen waren als Pazifisten vor dem Krieg –

und sogar noch vor Beginn der deutschen Luftangriffe – nur widerstrebend bereit gewesen, sich mit Luftschutzfragen zu befassen. Ihnen scheint es hauptsächlich darum gegangen zu sein, in Debatten die Auffassung zu vertreten, die notwendigen Einrichtungen und Anschaffungen müßten vom Staat finanziert werden. Das widersprach der von staatlicher Seite betriebenen Luftschutzpolitik, aber es entsprach andererseits der von West Ham auf allen Gebieten verfolgten Politik.

Vor dem Zweiten Weltkrieg stammten 42,6 Prozent der Einnahmen West Hams aus staatlichen Zuwendungen. Daraus ergab sich eine teilweise Pattsituation. Außerdem scheint West Ham vor dem Einsetzen der deutschen Luftangriffe keine Führungskräfte vom Kaliber eines E.H. Smith in Poplar hervorgebracht zu haben. Beispielsweise herrschte dort großer Mangel an Luftschutzwarten. In einem Bezirk waren nur vier Luftschutzwarte unter 40; das Durchschnittsalter der übrigen lag bei 60 Jahren.

Die Missionen und Hilfswerke taten, was in ihren Kräften stand, und die Luftschutzvorkehrungen der Fabriken waren weit besser als die vom Rat veranlaßten. Aber in West Ham gab es kaum hauptberuflich tätige Freiwillige. Daran war vor allem der Rat schuld, dessen heftige Reaktion auf seine pazifistische Vergangenheit dazu führte, daß er sich weigerte, Pazifisten für Zivilschutzdienste einzustellen, so daß die Bevölkerung ohne die Tätigkeit junger Männer auskommen mußte, die in anderen Stadtgemeinden oftmals tapfer und unerschrocken arbeiteten, anstatt Dienst mit der Waffe zu leisten.

Der Rat ging sogar noch einen Schritt weiter und untersagte pazifistischen Organisationen wie dem Friends' Ambulance Unit oder dem International Voluntary Service for Peace jegliche Tätigkeit in West Ham. Die von sich selbst eingenommenen Wirrköpfe im Rathaus mißtrauten sogar einer aus Frauen bestehenden Hilfsorganisation, dem Women's Voluntary Service. Tatsächlich war West Ham einzigartig schlecht auf die Schrecken des 7. September 1940 vorbereitet. Wie es an diesem Abend in Silvertown aussah, beschreibt Lord Ritchie Calder, der kurz nach dem Höhepunkt des Angriffs dort eintraf.

„Ich suchte meinen alten Freund ‚The Guv'nor', den militanten Geistlichen, den Reverend W.W. Paton auf. Ich fand seine presbyterianische Kirche in Trümmern vor. Seine Kanzel stand noch, aber Dach und Fassade waren verschwunden. Die benachbarten Straßen lagen alle in Trümmern. Sie waren erbärmliche Sackgassen, die zur Dockmauer hinunterführten, aber diese Schuttberge waren einst Häuser gewesen, in denen die Familien der Ostlondoner Dockarbeiter gewohnt hatten – unerschütterliche, anständige Leute, die bessere Lebensbedingungen verdient hatten, als sie je in Friedenszeiten vorgefunden hatten, und die am meisten unter dem Krieg litten. Einige dieser zertrümmerten Ziegel- und Schutthaufen, deren schäbiges Mobiliar jetzt brannte, waren das einzige Heim, das alte Rentner ihr Leben lang gekannt hatten. Sie hatten in sie ‚hineingeheiratet'; sie hatten in ihnen ihre Kinder großgezogen; sie hatten erlebt, wie ihre Kinder geheiratet und das Elternhaus verlassen hatten; und sie fristeten ihr kärgliches Alter in ihnen – als die Bomber kamen.

Schließlich fand ich 'The Guv'nor'. Er war von den Leiden dieser Nacht gezeichnet und kreidebleich. Er war die ganze Nacht lang während der Angriffe unterwegs gewesen, um seiner Gemeinde zu helfen. Seine Lippen zitterten, und seine Augen füllten sich mit Tränen, als er von Freunden sprach, die tot, verletzt oder vermißt waren. Aber seine Hauptsorge galt den Lebenden. Er war unermüdlich auf den Straßen unterwegs, um Überlebende aufzusuchen, die ausgebombt worden waren.

Ich begleitete ihn. Wir fanden Hunderte von ihnen in einer Schule im Herzen des von Bomben getroffenen Gebiets, in der sie Schutz gesucht hatten. Ich betrachtete das Schulgebäude von allen Seiten. Dort schien auf den ersten Blick eine Katastrophe zu drohen.

Auf den Fluren und in Klassenzimmern stillten Mütter ihre Säuglinge. Ich sah Blinde, Körperbehinderte und Alte. Eine weitere Gruppe bildeten ‚Piccaninnies', die Kinder schwarzer seefahrender Feuerwehrmänner. Andere Jugendliche kannte ich dem Namen nach, zum Beispiel den rothaarigen verschmitzten ‚Charlie'. Ganze Familien hockten in langen Reihen auf ihren kümmerlichen geretteten Habseligkeiten und warteten verzweifelt auf Busse, von denen sie vor dem Bombenterror gerettet werden sollten, dem sie seit nunmehr zwei Nächten ausgesetzt waren. Ja, seit zwei Nächten! Denn in dieser im voraus zum Untergang verurteilten Ecke hatten die deutschen Luftangriffe schon am Freitagabend begonnen, bevor London ihr ganzes Gewicht zu spüren bekommen hatte.

Zu den in der Schule zusammengedrängten Menschen gehörten viele Familien, die schon in dieser ersten Nacht ausgebombt worden waren. Diese unglücklichen Heimatlosen waren aufgefordert worden, sich um 15 Uhr für die Abfahrt der Busse bereitzuhalten. Stunden später waren die Busse noch immer nicht eingetroffen. ‚The Guv'nor' und ich hörten, wie Frauen, die Mütter kleiner Kinder, mit Tränen in den Augen energisch gegen diese Verzögerung protestierten. Männer beschimpften die hilflosen städtischen Beamten, die nur wußten, daß Busse kommen sollten. ‚Wohin werden wir gebracht?' ‚Können wir nicht zu Fuß hingehen?' ‚Wir fahren mit 'nem Linienbus!' ‚Ich weiß einen Lastwagen, den wir geliehen kriegen!' Die Menge verlangte Hilfe, Informationen und ein beruhigendes Wort. Aber die bedrängten Beamten hatten nichts anderes zu bieten als die Einladung zu einer Tasse Tee.

Eine Mutter beschwerte sich darüber, daß es ihren Kindern verboten worden sei, auf dem zur Schule gehörenden Spielplatz zu spielen. Der Beamte konnte nur sagen, das sei leider notwendig, und ihre Fragen ausweichend beantworten. Aber er zeigte mir den Grund für das Verbot. Auf dem Spielplatz hinter der Schule gähnte ein Bombenkrater. Das Schulgebäude war in Wirklichkeit eine überfüllte, gefährliche Ruine. Die Bomben, von denen diese Menschen obdachlos geworden waren, hatten auch die von den Behörden als ‚Erholungszentrum' für sie bestimmte Schule getroffen. Zu beachten ist dabei, daß die Schule zum gleichen Zeitpunkt wie ‚The Guv'nors' Kirche bombardiert worden war. Das gleiche galt für die Pfarrkirche, die als ‚The Cathedral of East London' bekannt war, weil sie von den Armen für kirchliche Trauungen bevorzugt wurde. Ebenfalls getroffen worden waren in gerader Linie mit ihr liegende Straßen und Gebäude. Und dann wußte ich an diesem Sonntagnachmittag, daß die Bomber bei Einbruch der Dunkelheit zurückkommen würden – das war so sicher wie das Amen in der Kirche – und daß die Schule bombardiert werden würde.

Das war keine Vorahnung, sondern eine vorausberechenbare Gewißheit. Diese Unglücklichen hatten mir geschildert, wie die Bomber über die Hafenanlagen geflogen und ihre Bomben geworfen hatten – eins, zwei, drei, vier, dann eine Pause, während die Maschinen eine enge Kurve flogen, und zuletzt die unerbittliche fünfte Bombe in die gleiche Ecke.

Alle diese Hunderte von Menschen verbrachten eine weitere Nacht in der Schule, die ihnen keinen Schutz bieten konnte. Einige wurden – zu ihrem Glück – in eine andere Schule umquartiert, die nur eine Straßenbreite von der ersten entfernt war. Dadurch sollte Raum für die neue Flut der durch die Angriffe am Sonntagabend obdachlos Gewordenen geschaffen werden. In dieser weiteren Nacht voller Bombenterror, die für manche der in der Schule untergebrachten Ausgebombten bereits die vierte Nacht war, wurde das überfüllte Gebäude von einer unvermeidlichen Bombe getroffen.

Am nächsten Morgen sah ich den Krater. Ich sah Rettungsmannschaften, die mit Seilen gesichert in ihn hinunterkletterten, und beobachtete, wie sie ab und zu in schmerzlicher Stille nach Lauten Überlebender horchten. Ich sah das Grab ganzer Familien vieler meiner ‚Dead End Kids'. Unterdessen, zwei Tage nach der vorgesehenen Abfahrt der Busse, bestiegen die Überlebenden – hauptsächlich aus der zweiten Schule – bereitstehende Busse. Sie drängelten sich um Plätze, wie Fahrgäste im Berufsverkehr in öffentliche Verkehrsmittel drängen. Ich sprach mit den Männern, mit Familienvätern, die am Sonntag geschimpft hatten. Jetzt waren sie vor Entsetzen sprachlos und wie gelähmt. Sie waren durch eine Straßenbreite gerettet worden.

Wie Ermittlungen ergaben, waren die Busse tatsächlich für Sonntag bestellt gewesen. Die Fahrer hatten sich vor dem Pub ‚The George' in einem benachbarten Stadtviertel treffen sollen. Der Führer der Buskolonne hatte sich eingebildet, diesen Pub zu kennen. Er kannte auch einen, der ‚The George' hieß, aber in einem anderen Stadtteil lag. Deshalb waren die Busse unverrichteter Dinge weggefahren. Am nächsten Tag hatten sie vor der Schule gestanden, aber als die Ausgebombten einsteigen wollten, heulten die Sirenen. Die örtlich Zuständigen beschlossen, die Evakuierung auf den nächsten Tag zu verschieben. Am nächsten Tag war es dafür zu spät.

Diese Tragödie war eine der ersten und grimmigsten Lektionen, die London zu lernen hatte. Etwa 450 Ausgebombte kamen in diesem Schulgebäude um – eine Zahl, die denen gering erscheinen wird, die sich an den Verlustziffern von Passchendale oder der Somme orientieren. Das Grausige daran war, daß diese Tragödie so unnötig gewesen war."

West Ham blieb als verwüstete, verzweifelnde Trümmerlandschaft zurück.

Es war nicht leicht, etwas für die verbitterten Einwohner zu tun, die jetzt grundlos selbst gegen Maßnahmen rebellierten, die lediglich ihrer eigenen Sicherheit und Bequemlichkeit dienen sollten. Ihre Einstellung wird in dem Kapitel über Schutzräume weiter verdeutlicht. Für Außenstehende war es äußerst schwierig, Hilfe zu leisten, selbst wenn es ihnen gelang, die unsinnigen Hindernisse zu überwinden, die der West Ham Council errichtet hatte. Aber trotz aller Gerüchte kam es zu keiner größeren als der hier geschilderten Panik. Es gab Erbitterung, Zorn und vielleicht sogar Verzweiflung. Aber wie es vor Beginn der deutschen Luftangriffe in West Ham keine Führungspersönlichkeiten gab, die Schutzmaßnahmen hätten organisieren können – später wurde der Reverend W.W. Paton durch die Umstände dazu gezwungen, die Dinge in die Hand zu nehmen –, gab es niemand, der dieses Gefühl, elend im Stich gelassen worden zu sein, in den Massenaufstand umsetzen konnte, den Hitler sich als Folge der deutschen Luftangriffe erhofft hatte.

Der Nachtangriff war von etwa 250 Bombern der Luftflotten 2 und 3 durchgeführt worden, die East London mit rund 330 Tonnen Sprengbomben und 440 Brandbomben-Behältern belegt hatten. Obwohl die Stadtteile in Themsenähe am meisten litten, wurde fast ganz London getroffen. Die Bahnhöfe Victoria Station und London Bridge wurden so stark beschädigt, daß sie einige Tage lang geschlossen bleiben mußten.

In der amtlichen Meldung über den Angriff hieß es: „Bei Industriezielen wurden Brände hervorgerufen. Die Stromversorgung und andere Versorgungseinrichtungen wurden beschädigt, der Verkehr war teilweise behindert. Auch gegen die Hafenanlagen richteten sich Angriffe. Informationen über Verluste liegen noch nicht vor."

Die Londoner hatten unterdessen gelernt, solche eigenartig lakonischen und nüchternen amtlichen Mitteilungen richtig zu deuten. Jedermann erkannte sofort, daß ein sehr schwerer, verlustreicher Angriff stattgefunden hatte. Von 17 Uhr am 7. September bis 3 Uhr am nächsten Morgen waren den deutschen Bombern etwa 1000 Londoner zum Opfer gefallen – über fünf Prozent der Gesamtverluste, die London während der deutschen Luftangriffe erlitt. Bei diesem Nachtangriff war kein feindliches Flugzeug abgeschossen worden.

An diesem Abend hielt Göring eine Rundfunkansprache, während seine Bomber erneut zum Angriff auf London starteten, in der er unter Drohungen, Prahlereien und Versprechungen von einem historischen Augenblick sprach, in dem die deutsche Luftwaffe erstmals direkt ins Herz des Feindes vorstoße.

Aber wenn London das Herz Großbritanniens ist – und damals vielleicht das Herz der gesamten westlichen Zivilisation war –, wo befindet sich dann Londons Herz? Die Hafenanlagen waren durch Großbrände beschädigt, aber diese Schäden bewirkten keine allzu großen Störungen im Betriebsablauf. Und konnten sie überhaupt als Londons Herz bezeichnet werden? Oder befindet es sich vielleicht in Whitehall, in der St.-Pauls-Kathedrale, am Piccadilly Circus, an der Elephant & Castle-Station, im Buckingham-Palast, in der Oxford Street oder im Unterhaus? Alle diese Ziele wurden in den folgenden Wochen getroffen, aber Londons Herz, das zwar in dieser ersten Nacht für einen Schlag auszusetzen schien, pumpte das Blut der Entschlossenheit durch die Arterien Großbritanniens und der freien Welt.

Görings Vergleich war falsch. Er hatte nicht das Herz dieser großen grauen Stadt getroffen, die formlos wie ein Wal zu beiden Seiten ihres Flusses liegt, sondern nur ihre Haut geritzt. Seine Pfeile hatten wehgetan. Der Dickhäuter war zusammengezuckt. Aber was hatten die Angreifer erreicht? Ein zerfetztes Kind in Bermondsey, einen Holzbrand in Poplar, eine Fliegenplage in West Ham, eine brennende Leuchtgasleitung in Chelsea. Selbst wenn man das alles vertausendfacht, ergibt sich noch keine schwere Verwundung – ganz zu schweigen von einer tödlichen Wunde – für eine Stadt von der Größe Londons. Aber es war eine Wunde.

Der Morgen danach

Der nächste Tag, Sonntag, der 8. September 1940, war bereits zum nationalen Gebetstag ausgerufen worden. Er war jedoch auch ein Tag höchster Spannung, unzähliger Gerüchte und hektischer Betriebsamkeit. Da am Abend zuvor das Losungswort „Cromwell" ausgegeben worden war, glaubten viele Engländer, die Invasion habe tatsächlich begonnen. In einigen der östlichen Grafschaften sperrten Soldaten die Straßen, und die Heimwehr gab Alarm, indem sie die Kirchenglocken läutete.

Bald wurden überall Geschichten von auf der Insel Wight angeschwemmten toten deutschen Soldaten, der Verwandlung des Meeres in ein Flammenmeer durch die RAF oder eine große Seeschlacht in der Straße von Dover erzählt. Als Gesprächsthema auf Landstraßen, auf dem Heimweg vom Morgengottesdienst, machte die Invasion, die nicht stattgefunden hatte, den deutschen Luftangriffen, die stattgefunden hatten, heftig Konkurrenz. Die durch keine Tatsachen behinderte menschliche Phantasie kann die Wirklichkeit stets bci weitem überbieten.

Auch in London – zumindest außerhalb der betroffenen Stadtbezirke – blühten die Gerüchte. Den zuständigen Stellen ging es natürlich darum, Schaulustige und andere Neugierige aus dem Hafengebiet fernzuhalten; es wurde sofort von der Polizei abgesperrt, während Feuerwehren weiter die Großbrände bekämpften, die bei Einbruch der Dunkelheit alle unter Kontrolle waren, und die Zivilschutzdienste sich bemühten, Ordnung in das erste, monumentale Chaos zu bringen. Obwohl in London die Sonne schien, hing über der französischen Küste zum Glück eine tiefe geschlossene Wolkendecke. Diese Tatsache sowie das Ruhebedürfnis der deutschen Bomberbesatzungen und die Notwendigkeit, die Maschinen zu warten, waren vermutlich dafür verantwortlich, daß an diesem Sonntag kein Tagesangriff auf London geflogen wurde, obwohl eine Anzahl feindlicher Bomber Ziele in Südengland angriff.

Im Laufe des Tages wurde klar, daß die Hafenanlage trotz der schweren Schäden in Lagerhäusern und Wohnstraßen nicht vernichtend getroffen worden waren. Deutsche Zeitungen verkündeten hoffnungsvoll, London sei kein Seehafen mehr. Daran war kein Wort wahr. Auch in den kommenden Wochen blieb London der größte und geschäftigste Hafen der Welt. Die deutschen Bombenangriffe hatten riesige Holzlager und Lagerhäuser im Hafengebiet in Brand gesetzt; trotzdem wären viel stärkere Angriffe erforderlich gewesen, um die Hafeneinrichtungen selbst außer Gefecht zu setzen. Und die große Mehrzahl aller Hafenbecken blieb ständig offen und betriebsbereit.

Wenn der Hafen weiterhin funktionieren sollte, mußte es Hafenarbeiter zum Be- und Entladen der Schiffe geben. Und diese Hafenarbeiter mußten ihrerseits irgendwo leben können. Die Sachschäden stellten die zuständigen Stellen vor die zunächst größten Schwierigkeiten, sobald die Brände gelöscht waren. Die Verantwortlichen hatten natürlich vorausgesehen, daß zahlreiche Wohngebäude durch feindliche Bomben zerstört werden würden, aber sie hatten zugleich die Zahl der Getöteten und Schwerverletzten, die in

Krankenhäuser eingeliefert werden würden, ganz gewaltig überschätzt.

Da sie diese beiden Schätzungen offenbar mehr oder weniger gleichgesetzt hatten, waren sie zu dem Schluß gelangt, die nach den Luftangriffen noch stehenden würden zur Unterbringung der Überlebenden ausreichen. Natürlich war man sich darüber im klaren, daß die notwendigen Umsetzungen nicht ganz selbständig ablaufen würden, aber für diesen Fall waren nur sehr provisorische Vorkehrungen getroffen worden.

Das Problem der Betreuung von Ausgebombten wurde in erster Linie den Selbstverwaltungsorganen der Stadtbezirke übertragen, die damit ihre Fürsorgeämter beauftragten. Die Richtlinien bestimmten, daß Verpflegungsstationen und vorläufige Unterkünfte für die Ausgebombten zu schaffen seien. Die zuständigen Stellen durften jedoch keine Gebäude für diesen Zweck beschlagnahmen. Sie sollten lediglich die obdachlos gewordenen Bombenopfer ihrer jeweiligen Bezirke versorgen müssen, wurden nicht dazu ermutigt, sich längere Zeit um sie zu kümmern, und erhielten vom Staat praktisch keine finanzielle oder sonstige Unterstützung zur Durchführung dieser Aufgaben. Die Versorgung mit Material wie Lebensmittel, Decken, Geschirr und so weiter war entweder unzulänglich oder nichtexistent. Die dieser scheinbar hartherzigen Politik oder diesem Fehlen einer Politik zugrundeliegende Theorie basierte auf der allgemein vorherrschenden falschen Auffassung vom wahrscheinlichen Ablauf feindlicher Luftangriffe.

Nach den schweren, kurzen, wahrscheinlich tagsüber stattfindenden Angriffen würden die Ausgebombten hoffentlich – nach einem kurzen Aufenthalt in einem Erholungszentrum, in dem sie eine Tasse Tee, notfalls neue Ausweise und möglicherweise eine sehr geringe finanzielle Unterstützung erhalten würden – in ihre beschädigten Häuser zurückkehren, um sie instandzusetzen, oder bei Freunden oder Verwandten unterschlüpfen. In einem Rundschreiben der Regierung hieß es, „ein geringer Bodensatz" werde möglicherweise von öffentlichen Stellen untergebracht werden müssen. Andererseits glaubte man, diese Leute würden sich nur wenige Stunden lang in den Erholungszentren aufhalten. Deshalb erschien es überflüssig, diese Zentren behaglich, hygienisch oder besonders sicher zu machen. Tatsächlich hielt man es für angebracht, solche Verbesserungen zu vermeiden, da sie in Ausgebombten den Wunsch wecken konnten, in nicht für diesen Zweck vorgesehenen Unterkünften zu bleiben. Das führte natürlich dazu, daß die durch die ersten Angriffe obdachlos Gewordenen in Schulen wie in der Keeton's Road oder der im vorigen Kapitel geschilderten in West Ham untergebracht wurden.

Das Problem der freiwilligen Evakuierung erwies sich angesichts der staatlichen Richtlinien für die Stadtbezirke und des durch die fehlgeschlagene Evakuierungsaktion des Jahres 1939 geschaffenen psychologischen Klimas als noch schwieriger zu lösen. Obdachlose, unter Schockwirkung stehende und mittellose Bürger flüchteten aus den bombardierten Stadtgemeinden – aber anderswo war niemand für sie zuständig. Die Fürsorgeämter, die ihrem Wesen nach nicht großzügig waren, konnten ihre ohnehin unzulänglichen Lebensmittel- und Bekleidungsvorräte nicht an Fremde ausgeben, wenn damit zu rechnen war, daß die eigene Bevölkerung vielleicht schon innerhalb von Tagen oder nur Stunden in eine ähnliche Notlage geraten würde.

Eine Dornier 17 über der Themse beim ersten Angriff

Flak im Einsatz

London steht nach dem ersten Angriff in Flammen

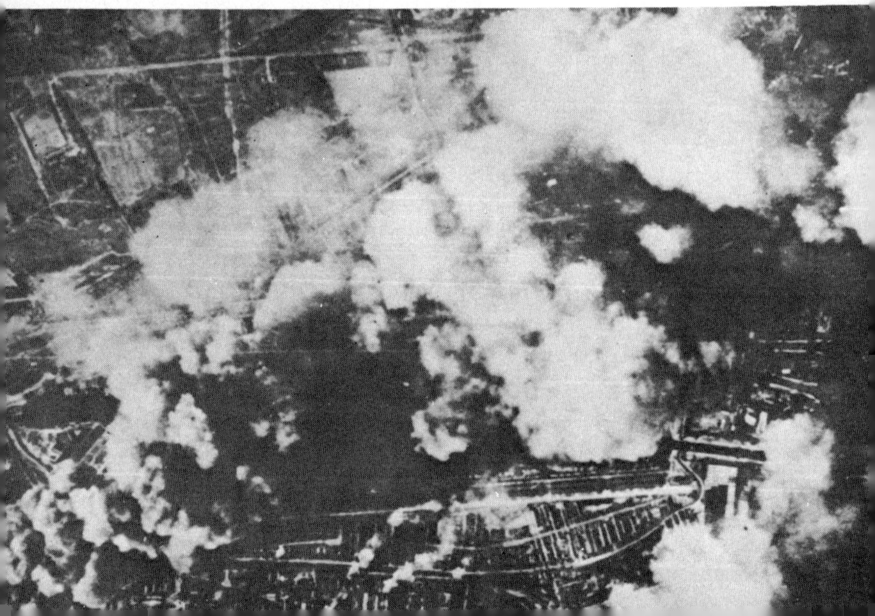

Ein Bombenopfer wird geborgen

Der Kampf der Feuerwehrleute gegen die Flammen ist aussichtslos

Die Detonationen sind so heftig, daß sie sogar einen typischen Londoner Doppeldecker-Bus umwerfen

Als ob nichts geschehen wäre, geht der Straßenhandel weiter

Dieses Problem der Obdachlosen, der Ausgebombten, sollte in den kommenden Wochen und Monaten große Teile Londons und viele der umliegenden Großstädte beschäftigen. Am akutesten war es jedoch gleich zu Anfang: am 8. September und in den folgenden drei Wochen in den East-End-Bezirken an der Themse.

Was sollte mit den Ausgebombten geschehen? Ein Teil von ihnen flüchtete – mit irgendwelchen Fahrzeugen oder sogar zu Fuß – vor den Schrecken der nächsten Nacht.

Fünftausend Londoner sollen allnächtlich in den Epping Forest gezogen sein, wo sie unter freiem Himmel schliefen und bedauerlicherweise von den glücklichen Einwohnern der angrenzenden „besseren" Wohnviertel gelegentlich wie Verbrecher behandelt wurden. Viele verbrachten die Nacht auf Hampstead Heath oder im Greenwich Park. Andere wichen noch weiter aus. Fast zwei Monate lang lebten mehrere hundert „ungemeldete Evakuierte" im Majestic Cinema, einem Filmtheater in Oxford, wo sie zwischen den Kinositzen aßen, schliefen und sich zur Empörung der Bürger dieser alten und nicht bombardierten Universitätsstadt sogar liebten. Ein Besucher eines dieser Konos – vielleicht sogar des gleichen – schilderte es in einem damals verfaßten Augenzeugenbericht:

„Ich verbrachte die Nacht im Kino. Der Innenraum wird von sechs großen Lampen erhellt. Vier davon werden um 23 Uhr ausgeschaltet, die beiden anderen brennen die ganze Nacht hindurch. Feuerwehrmänner und Krankenschwestern machen nachts Kontrollgänge durchs Kino. Die Krankenschwestern decken Kinder zu, holen Wasser und Milch und so weiter. Jede Familie beansprucht ein kleines Stück Boden als ihr eigenes Reich. Manche sind im Orchestergraben, wo ihnen der zugezogene Vorhang eine Art Privatsphäre bietet. Aber die meisten schlafen in den Gängen und zwischen den Sitzreihen. Insgesamt halten sich etwa 800 Personen in diesem Filmtheater auf. Alle haben Decken und Strohsäcke. Sie breiten sie irgendwo aus und legen ihre Habe (meistens Kleidungsstücke zum Wechseln) auf die nächsten Kinosessel. Wenn es Zeit zum Schlafengehen ist, ziehen die Männer ihre Jacken und die Frauen ihre Kittelschürzen aus und legen sich hin. Auf den Gängen herrscht ziemliches Gedränge; die Menschen liegen dort dicht an dicht. Zwischen den Sitzreihen kann jede Person etwa zehn Sitze für sich beanspruchen. Hier und dort steht ein Säugling in seinem Kinderwagen. Nachts ist außer dem Weinen der Kleinkinder kein Geräusch zu hören. Fast jede Mutter hat einen Säugling, und sobald einer zu schreien anfängt, stimmen drei oder vier andere ein. Es ist gänzlich unmöglich, länger als zehn Minuten ungestört zu schlafen."

Aber eine Dame namens Lady Patricia Ward, die in einer überregionalen Zeitung schrieb, scheint beim Besuch dieses Kinos eine andersfarbene Brille getragen zu haben:

„Die East-End-Bewohner waren begeistert. Sie richteten sich jeden Abend auf Teppichen und Kissen und Decken in den Gängen ein. Tagsüber saßen sie in den Klappsesseln und schickten ihre Kinder auf die nicht mehr benützte Eisfläche im Hintergrund der Bühne zum Spielen ... und war dies nicht ein hübscher, freundlicher Raum, fast wie ein Palast? Das erzählten sie einander."

Man braucht nicht viel Phantasie, um sich vorzustellen, was manche dieser Unglücklichen einander erzählt haben dürften, falls ihnen Lady Patricias Artikel zufällig unter die Augen gekommen sein sollte.

Zehntausende dieser leidgeprüften Flüchtlinge waren auf dem Land unterwegs. Am 14. September war aus einigen der schwer bombardierten Stadtgemeinden fast ein Viertel der Einwohnerschaft verschwunden. Auf dem Land waren unzulängliche oder gar keine Vorbereitungen für die Aufnahme getroffen. Ein Landerholungsheim begrüßte die Ausgebombten mit einem großen Anschlag, auf dem zu lesen stand: „Hinter jedem sozialen Problem zeigt sich das heimliche Wirken des Alkohols."

Die Preistreiberei blühte. Für ein Sommerhaus in den Cotswolds wurden 16 Guineen Wochenmiete verlangt und gezahlt, ein Zimmerchen in Herfordshire kostete 18 Shilling pro Woche, und für ein miserables Abendessen in einem Hotel im West Country waren achteinhalb Shilling zu bezahlen – zu einem Zeitpunkt, als die Kaufkraft des englischen Pfundes noch um ein Mehrfaches höher lag als heute.

Erst am 18. September 1940 unternahm das Gesundheitsministerium erste Schritte, um die entstandenen Mißstände zu beseitigen und diese neue Evakuierungs- oder Fluchtbewegung in geordnete Bahnen zu lenken. Am 24. September erging eine Verordnung, nach der Mütter mit schulpflichtigen Kindern, die in den acht am schwersten betroffenen Stadtbezirken wohnten, auf Staatskosten evakuiert werden konnten; am 7. Oktober wurde ihr Geltungsbereich auf das gesamte County of London ausgedehnt. Aber am 1. November hielten sich noch immer über 250 000 Kinder in der englischen Hauptstadt auf.

Gleichzeitig war versucht worden, die Ausgebombten anderswo innerhalb Londons unterzubringen. Beispielsweise sorgte der Stadtsyndikus von Stepney am 9. September aus eigenem Antrieb dafür, daß etwa 1000 Menschen aus Wapping mit einem Flußdampfer nach Richmond und in andere stromaufwärts liegende Gemeinden, die sich bereit erklärt hatten, sie unterzubringen, evakuiert wurden.

Am 11. September versprach Malcolm Macdonald, der Gesundheitsminister, am nächsten Tag würden Busse nach Silvertown geschickt werden, mit denen alle – ob ausgebombt oder nicht –, die dieses verwüstete Gebiet verlassen wollten, evakuiert werden würden. Tatsächlich nahmen nur 2900 Personen aus dem Kreis der ursprünglich etwa 14000 Einwohner dieses Angebot an, obwohl versichert worden war, daß es nicht wiederholt werde.

Unterkünfte im West End waren bei den Ausgebombten nicht sonderlich beliebt. Die Evakuierten hatten den Verdacht, sie würden als Parias behandelt werden – was gelegentlich tatsächlich der Fall war. Beispielsweise war eine ausgebombte Familie aus Whitechapel in die Villa einer reichen Familie in Belgravia eingewiesen worden. Die Reichen brachten die Armen in den Dienstbotenzimmern unter – im Dachgeschoß, wo sie den Bombern am nächsten waren – und weigerten sich, sie in den Keller zu lassen, in dem sie selbst schliefen. Die Evakuierten zogen es schließlich vor, nach Whitechapel zurückzukehren.

Solche Grausamkeit war zweifellos eine Ausnahme, aber Geschichten dieser Art machen rasch die Runde. Im East End verbreiteten sie sich wie Lauffeuer, und sobald die noch dort lebenden Einwohner die ihrer Ansicht nach schlimmsten Luftangriffe überstanden hatten, neigten sie größtenteils dazu, wenn irgend möglich in ihren von Bomben beschädigten Häusern zu bleiben, auch wenn das ein Leben zwischen Trümmern bedeutete. Aber wo sollten sie schlafen, essen und sich waschen?

Obdachlos waren nicht nur die Ausgebombten, sondern auch alle Londoner, die ihre Häuser oder Wohnungen verlassen mußten, weil in ihrer Nähe ein Bombenblindgänger lag.

Ursprünglich war angeordnet worden, sämtliche Gebäude in 500 Meter Umkreis um einen Blindgänger müßten augenblicklich geräumt und alle Straßen innerhalb dieses Gebiets gesperrt werden. Das erwies sich als praktisch nicht zu verwirklichende Maßnahme. Einige hundert geschickt verteilte Bombenblindgänger hätten die ganze Londoner Innenstadt lahmlegen können, und bis Ende November warteten allein im Luftschutzgebiet London nicht weniger als 3000 dieser unangenehmen Objekte auf ihre Entschärfung. Obwohl die Sicherheitsabstände verringert wurden, beharrten die staatlichen Stellen auf ihrer Politik, alle Blindgänger als Zeitzünderbomben zu deklarieren. Aus rein militärischer Sicht wäre es zweifellos zweckmäßiger gewesen, sie alle als Blindgänger zu betrachten, wenn sie nicht gerade hörbar tickten, und die bestimmt sehr seltenen Detonationen zu riskieren. Die Zeit- und Arbeitsersparnis durch wegfallende Evakuierungen und Verkehrsumleitungen wäre gewaltig gewesen. Andererseits hätte die Bevölkerung sich dann darüber beklagen können, daß sie nicht ausreichend geschützt werde.

Jedenfalls trugen die von staatlicher Seite für nötig gehaltenen Sicherheitsvorkehrungen entscheidend mit dazu bei, die Zahl der Obdachlosen zu erhöhen. Da die wegen Bombenblindgängern Evakuierten damit rechneten, bald in ihre Häuser und Wohnungen zurückkehren zu können, hatten sie verständlicherweise nicht viel Interesse daran, eine auch nur vorläufige andere Bleibe zu finden. Und da sie ihre

Wohnungen oft binnen kürzester Zeit räumen oder gar nicht mehr betreten durften, wenn sie von der Arbeit oder nach einer Nacht im Luftschutzkeller zurückkamen, trafen sie oft so bedürftig wie die wirklich Ausgebombten in den Erholungszentren ein. Und da die Bombenräumkommandos bei weitem überlastet waren, fielen die zeitweise Evakuierten den öffentlichen Unterstützungseinrichtungen oft tagelang zur Last. Diese Tatsache trug entscheidend zur ständigen Überfüllung der Erholungszentren bei.

In seinem amtlichen Geschichtswerk *Problems of Social Policy* hat Professor Titmuss sich ausführlich über die anfangs in diesen Zentren herrschenden Verhältnisse geäußert.

Die Erholungszentren wurden im allgemeinen in Schulen eingerichtet. Die für Kinder wie Erwachsene übliche Ernährung bestand aus Brot, Margarine, Büchsenfleisch oder Corned beef und gelegentlich einem Teller Büchsensuppe. Häufig gab es weder Geschirr noch Bestecke.

Am 12. September besaß ein Zentrum dieser Art in Bethnal Green zwei Löffel und ein stumpfes Messer. In einem anderen Zentrum konnten die Suppendosen nicht aufgemacht werden, weil kein Büchsenöffner vorhanden war. Es gab meistens ein paar Wolldecken, aber im allgemeinen kein weiteres Bettzeug – und keine Betten – für die Ausgebombten, die bei ihrer Ankunft oft nur Schlafanzüge oder Nachthemden anhatten. Manchmal gab es nicht einmal genug Stühle. In einem der vorigen Kapitel hat Dr. Morton den alles bedeckenden Schmutz beschrieben, der von den Bomben aufgewirbelt wurde. Die Ausgebombten waren fast immer äußerst schmutzig, aber in den meisten Erholungszentren gab es nur unzulängliche oder gar keine Waschgelegenheiten. Mit den Toiletten sah es kaum besser aus. In manchen der Zentren herrschten bald unbeschreibliche Zustände.

Einen besonders schlimmen Fall schilderte eine Rotkreuzhelferin in einem Bericht, den sie damals an Lord Horder schickte, der ihn ans Gesundheitsministerium weiterleitete. Es handelte sich um eine Grundschule in Stepney, in der sich in jeder Septembernacht zwei- bis dreihundert Ausgebombte zusammendrängten, die auf Wolldecken, Matratzen und Kleiderbündeln lagen. Sie hatten zehn Eimer und Kohlenschütter als Latrinenkübel.

„Bis Mitternacht laufen diese ... Behälter über, so daß im weiteren Verlauf der Nacht immer mehr Exkremente auf den Fußboden gelangen. Der Platz ist räumlich beengt, so daß jeder Hereinkommende unweigerlich in die Exkremente tritt und sie an seinen Schuhen durchs ganze Gebäude trägt ... Die Behälter werden nicht vor acht Uhr morgens geleert. Bei Tagesanbruch ist der Gestank ..., aber das überlasse ich Ihrer Vorstellungskraft.“ Diesen Menschen standen sieben Waschbecken zur Verfügung, aber sie hatten weder Seife noch Handtücher.

Eine weitere Sozialarbeiterin, die ebenfalls von Professor Titmuss zitiert wurde, schrieb folgendes:

„Das Bild, das die Erholungszentren in diesen ersten Tagen boten, ist unvergeßlich. Undeutlich erkennbare Gestalten bei völliger Dunkelheit in mutlosen Haufen auf schmutzigen Fußböden; überanstrengte, geschäftige, aber verbissen fröhliche Helferinnen, die endlose Corned-beef-Sandwiches und Tee ausgeben – das vom London County Council verordnete Allheilmittel gegen Hunger, Schock, Trauer, Elend und Krankheit... Ungekämmte, ungenügend bekleidete Menschen, die zwischen ihrem von Bomben getroffenen Haus und dem Erholungszentrum unterwegs sind, um irgendwelche Kleinigkeiten zu retten oder zu versuchen, mit der zerrissenen Familie Verbindung zu halten... Ein Geistlicher erschien und streifte ziellos durch die Räume, und irgend jemand spielte auf dem Klavier."

Freiwillige Sozialarbeiter erschienen bald, um zu helfen, wo sie konnten, und leisteten wertvolle Hilfe. Verschiedene Wohlfahrtsorganisationen verteilten große Mengen Wolldecken, Kleidung und Lebensmittel, und die bewundernswürdigen Frauen, die geistigen Töchter Florence Nightingales, die stets dann aufkreuzen, um Ordnung ins Chaos zu bringen, wenn die zuständigen Männer nahe daran sind, verzweifelt aufzugeben, machten sich bald an die Arbeit.

Viele von ihnen waren keine ausgebildeten Sozialarbeiterinnen und dachten nicht daran, sich an die bürokratischen Methoden der überlasteten Fürsorgeämter zu halten. „Sie unternahmen Beutezüge in Schulküchen und nahmen Bestecke und Geschirr mit, sie kauften mit Hilfe einer Vielzahl von Wohltätigkeitsfonds Lebensmittel, sie ‚organisierten' Babywindeln und Kinderkleidung..., und zumindest eine von ihnen ließ in ein vom städtischen Unterstützungsausschuß verwaltetes Zentrum Kohle bringen, die eigentlich dem dortigen Schulausschuß gehörte."

In diesen ersten Tagen gab es in West Ham weder Kantinen, Feldküchen noch Gemeinschaftsküchen. In einem Erholungszentrum gab es für zahlreiche Menschen lediglich Sardinen, Hartkekse und Rollschinken. Der Besitzer einer Imbißstube, der passenderweise Cook hieß, kam zur Hilfe. Sein Laden war ausgebrannt, aber er sammelte ein paar alte Abflußrohre, dichtete sie mit Teig ab und setzte seinen Herd instand. Am nächsten Tag verkaufte er 2700 Mahlzeiten, die aus Selleriesuppe, Fleischpastete, Kartoffeln und Brot bestanden. Er verlangte vier Pence pro Mahlzeit und machte nicht nur die Hungrigen satt, sondern erzielte dabei sogar noch Gewinn.

In Islington lebte eine Frau in mittleren Jahren mit rotem Gesicht und lauter Stimme, die seit langem rote Rüben aus einem Schubkarren auf dem Markt verkaufte. Sie marschierte einfach ins Erholungszentrum Ritchie Street und übernahm dort das Kommando. Sie trieb Milch für die Kleinkinder auf, bereitete ihnen und ihren Müttern Schlafplätze und gab ihnen allen ein Pulver, dessen Zusammensetzung nicht überliefert ist. Es bewirkte jedoch, daß sie rasch einschliefen. Dann verteilte sie die restlichen Betten und Bänke an die ältesten und schwächsten Obdachlosen, und als der nächtliche Luftangriff einsetzte, schlief oder döste ihr gesamter, aus 103 Personen bestehender Haushalt.

Am nächsten Morgen organisierte sie das Waschen, badete die Säuglinge, kehrte die Fußböden und überwachte das Frühstück. Um 11 Uhr verschwand sie – wahrscheinlich um ihre roten Rüben zu verkaufen. Abends kam sie zurück. Professor Titmuss hat von ihr gesagt: „Sie machte ein Erholungszentrum zu einem sicheren, ordentlichen und anständigen Zufluchtsort für Hunderte von obdachlosen Menschen."

Und nach einiger Zeit wurden natürlich auch staatliche Stellen und der London County Council tätig. Die schlimmste Zeit war Mitte und Ende September 1940, als die Belegung der Erholungszentren auf etwa 25 000 Personen anstieg. Danach ging diese Zahl zurück, die Einquartierung wurde richtig organisiert, und die inzwischen erheblich besser ausgestatteten und einigermaßen tüchtig geführten Zentren spielten wieder die ihnen eigentlich zugedachte Rolle.

Die Ausgebombten und Bombengeschädigten lebten nicht mehr dort; sie suchten sie nur auf, um eine Mahlzeit, eine Waschgelegenheit, notfalls Kleidung und vor allem Ratschläge zu erhalten.

Aber am 8. September mußten die Ausgebombten und die wegen Bombenblindgängern aus ihren Häusern Evakuierten in vielen Fällen mit Zentren nach Art der oben geschilderten zufrieden sein.

Die englischen Abwehrmaßnahmen gegen deutsche Nachtangriffe waren in der ersten Phase schwach und wenig wirksam. Damals gab es zwei aktive Verteidigungsmöglichkeiten: Nachtjäger und Flakgeschütze.

Die Flakartillerie war lange das Aschenbrödel des britischen Heeres gewesen. Nach dem Ersten Weltkrieg war diese Waffengattung ganz aufgelöst worden, und im Jahre 1920 waren in England praktisch keine Flakgeschütze und Scheinwerfer vorhanden. Die Flakartillerie wurde neu aufgestellt, aber sie erwies sich als praktisch wirkungslos. Bei gemeinsamen Übungen mit der RAF erzielten im Jahre 1926 Flakgeschütze, die aus festen Stellungen auf Ziele, die in idealer Schußhöhe mit bekannter Geschwindigkeit auf bekannten Kursen flogen, schossen, bei 2935 Schüssen nur zwei Treffer. So kann es kaum überraschen, daß es in dem Bericht über dieses Fiasko hieß, die eigentliche Wirkung des Flakfeuers müsse „nach wie vor als hauptsächlich moralisch" betrachtet werden.

Erst im Jahre 1934 galt es wieder als denkbar, daß Flakgeschütze tatsächlich feindliche Flugzeuge abschießen könnten. Aber als es in den dreißiger Jahren darum ging, das britische Heer neu auszurüsten, stand diese zweifelhafte Waffe auf der Dringlichkeitsliste sehr weit unten. Anfang

1938 gab es in ganz Großbritannien 100 Flakgeschütze und 800 Scheinwerfer, obwohl allein für die Verteidigung Londons anerkanntermaßen mindestens 216 Geschütze und 1056 Scheinwerfer nötig waren. Im Oktober 1939 sprach General Pile, der vor einigen Monaten General Alan Brooke als Oberbefehlshaber der Flakartillerie abgelöst hatte, von der „schrecklichen Leistungsschwäche" seiner Truppe.

Allerdings fehlten nicht nur Geschütze und Flakscheinwerfer. Im ersten Kriegsjahr bekam die Flakartillerie immer nur die schlechtesten eingezogenen Rekruten zugewiesen. Von 25 Neuzugängen bei einer Batterie hatte einer einen verkümmerten Arm, einer war geistig behindert, ein weiterer hatte keine Daumen, einer hatte ein Glasauge, das immer herausfiel, wenn er im Laufschritt ans Geschütz rannte, und zwei ließen die offenkundigen Symptome einer fortgeschrittenen Geschlechtskrankheit erkennen.

Von 1000 Rekruten, die der 31. Flakbrigade zugewiesen wurden, mußten 50 sofort entlassen werden; weitere 20 waren geistig behindert und 18 erreichten nicht einmal die Tauglichkeitsstufe B2. Unter den brauchbaren Rekruten befanden sich viele Soldate, die zu jung waren, um auf anderen Kriegsschauplätzen eingesetzt zu werden, und häufig zu anderen Artillerieeinheiten versetzt wurden, sobald sie älter und ausgebildet waren. Gleichzeitig mußte die Flakartillerie erfahrene Offiziere und Unteroffiziere an die Britischen Expeditionsstreitkräfte abgeben. Viele von ihnen kamen über Dünkirchen zurück – aber natürlich im allgemeinen ohne ihre Geschütze.

Dies war der Augiasstall, den General Pile ausmisten mußte. Als die deutschen Luftangriffe auf London einsetzten, waren in Großbritannien rund 50 Prozent der schweren und 33 Prozent der leichten Flakgeschütze vorhanden, die im Rahmen eines Vorkriegsprogramms für die englische Flakartillerie vorgesehen gewesen waren. Nach Piles Darstellung waren die meisten dieser Geschütze und die angewendeten Schießverfahren „technisch völlig ungeeignet – außer zur Bekämpfung der Bomber von vor zwanzig Jahren".

Das Flakfeuer wurde durch Horchgeräte und das ortsfeste Seitenrichtsystem geleitet. In London war vor dem Krieg ein kompliziertes und teures ortsfestes Seitenrichtsystem aufgebaut worden, als abzusehen gewesen war, daß eine lückenlose Radarüberwachung nicht mehr rechtzeitig sichergestellt werden konnte.

„Meldungen von in einem geometrischen Raster aufgestellten Horchgeräten wurden in einem zentralen Kontrollraum von einem komplizierten Kommandogerät ausgewertet, das dann die Schußkommandos an die Batterien weitergab. Aber dieses Verfahren basierte auf unserer alten Annahme, daß die feindlichen Flugzeuge auf geradem Kurs und mit gleichbleibender Höhe und Geschwindigkeit einfliegen würden, und da die Werte auf Horchbeobachtungen basierten (die entsprechend ungenau waren) und der umständliche Apparat trotz vieler Geschütze nur wenig Abwehrfeuer produzierte, versagte er jämmerlich."

Dazu kam noch, daß die Flakbedienungen einfliegende Maschinen in den ersten Angriffstagen als feindliche Flugzeuge identifizieren mußten, weil auch englische Nachtjäger über London und in der Umgebung der Hauptstadt im Einsatz waren.

Das alles bewirkte, daß in den Nächten zum 8., 9. und 10. September 1940 in London nur sporadisches Flakfeuer zu hören war – eine bedeutungslose Knallerei, die in Bombendetonationen und dem gleichmäßigen Dröhnen der feindlichen Flugzeugmotoren beinahe unterging. Tatsächlich waren bei Beginn der deutschen Luftangriffe nur 92 schwere Flakgeschütze in Stellung, und die Bomber flogen im allgemeinen in Höhen oberhalb der größten Schußhöhe der leichten englischen Flak. Die in Luftschutzräumen oder den elenden Erholungszentren zusammengedrängten Londoner hatten wieder das Gefühl, daß nichts zu ihrem Schutz unternommen werde. Bei diesen drei schweren Nachtangriffen wurden nur vier feindliche Maschinen abgeschossen – vier von über 600 Bombern, die London angegriffen hatten. In der Nacht zum 10. September hatten nicht nur die Londoner den Eindruck, die eigene Flakartillerie habe fast völlig versagt.

Wie General Pile berichtet, gelangte er in dieser Nacht „im Bett liegend zu der Einsicht, daß unser System nichts taugte. Ich wurde zugleich wütend und ängstlich und tat für den Rest der Nacht kein Auge zu, während ich überlegte, wie dem abzuhelfen sei."

Am nächsten Tag berief er eine Besprechung ein und legte fest, daß beim nächsten Nachtangriff ohne Rücksicht auf frühere Theorien sämtliche vorhandenen Flakgeschütze auf die feindlichen Flugzeuge schießen würden. Pile hatte seit zwei Tagen zusätzliche Geschütze vom Lande und aus Hafenstädten zusammenholen lassen und verfügte jetzt über 199 Flakgeschütze.

Später am gleichen Tag beorderte er sämtliche Batteriechefs sowie alle Londoner Kommandeure von Flakbrigaden und -divisionen in die Signals Drill Hall an der Brompton Road, um ihnen seine Anweisungen zu geben. Beim nächsten Luftangriff sollte jedes Geschütz so viele Granaten wie möglich hinausjagen. Das Abwehrfeuer durfte unter keinen Umständen zurückgehalten werden. Die Geschütze sollten grob nach Höhe und Seite gerichtet und abgefeuert werden. Da über London keine RAF-Nachtjäger eingesetzt sein würden, sollte jedes Flugzeug ohne vorherigen Identifizierungsversuch sofort beschossen werden.

„Das neue Verfahren bedeutete in der Praxis", erläutert Pile, „daß wir unsere Zielrechengeräte, denen wir alle nur erhältlichen Informationen eingaben, dazu benützten, um den Gegner aus allen Geschützen, die bestimmte Ziele beschießen konnten, unter Feuer zu nehmen. Das Ganze war keineswegs eine Flaksperre, obwohl ich glaube, daß diese Bezeichnung sich für immer halten wird."

In der gleichen Nacht trat die Flaksperre erstmals in Aktion, und ihr Brüllen war Musik in den Ohren der Londoner. Die Ergebnisse überraschten Pile, die Londoner und offenbar auch die deutschen Piloten, die im Laufe der Nacht höher als bisher flogen. Viele von ihnen warfen ihre Bomben über den südlichen und östlichen Londoner Vorstädten ab, wenn sie das Flakfeuer vor sich aufblitzen sahen, und gingen auf Heimatkurs.

Dieses neue Schießverfahren war kaum wirkungsvoller als das zuvor geübte, und bis die Batteriestellungen mit Radargeräten ausgestattet wurden, schoß die englische Flak nur sehr wenige Nachtbomber ab. Aber ihre moralische Wirkung auf die Stimmung der englischen Zivilbevölkerung war unberechenbar groß. Obwohl feststeht, daß in diesen ersten Wochen mehr englische Zivilisten als deutsche Flieger durch Flakgranaten und Granatsplitter umkamen, übertönte das Donnern der Geschütze nicht nur einen Teil der von den angreifenden Bombern erzeugten Geräusche, sondern gab den Londonern auch die Gewißheit, daß die eigenen Leute sich endlich einmal zur Wehr setzten. Sie sammelten rührenderweise sogar die tödlichen weißglühenden Granatsplitter, die den ganzen Winter lang klirrend und funkensprühend auf ihre Straßen fielen. Solche ausgeglühten Granatsplitter sind noch heute auf vielen Londoner Kaminsimsen zu sehen.

Was die Deutschen betraf, hielt allein die Tatsache, daß der Nachthimmel voller Sprengpunkte war, die Bomberbesatzungen davon ab, ihre Bomben genau ins Ziel zu bringen. Die sich daraus ergebende Streuung der Abwürfe lag natürlich durchaus im Interesse der Angegriffenen. Die Zivilschutzdienste einzelner Stadtgemeinden wurden nicht mehr durch konzentrierte Angriffe überfordert, und die Schäden waren geringer, weil sie weiter verteilt waren.

Die Fachleute, die vor 14 Jahren behauptet hatten, dem Flakfeuer komme hauptsächlich eine moralische Wirkung zu, erwiesen sich als erstaunlich gute Propheten – zumindest in bezug auf die Nachtangriffe dieser ersten Wochen.

Andererseits gab es wie gewöhnlich einen liebenswerten Exzentriker, der dagegen Einwände erhob. Der Rat einer Vorstadtgemeinde beschwerte sich schriftlich darüber, daß die Vibrationen der Geschütze die Kloschüsseln in Sozialwohnungen zerspringen ließen, und verlangte eine Verlegung der Flaksperre. Und ein Gentleman schrieb in einem Brief an General Pile: „Sehr geehrter Herr, als Londoner Bürger glaube ich, daß die Luftverteidigung Londons der größte Skandal seit Nero ist... Ja, Sie verstehen nicht einmal die Bedeutung des Wortes Sperre..."

Die Belastung für die Flakbedienungen war sehr groß. Viele von ihnen waren unerfahrene Rekruten, die in primitiven Unterständen hausten, die sie selbst neben ihren Batterien ausgehoben hatten – oft tief im Schlamm, oft halbvoll Wasser und halb durch den Luftdruck ihrer eigenen Geschütze und feindlicher Bomben zerstört. Eine Batterie traf 24 Stunden nach Erhalt ihres Marschbefehls aus den Midlands in London ein und eröffnete das Feuer eine knappe Dreiviertelstunde nach der Herstellung der Gefechtsbereitschaft. Die Flakbedienungen standen zehn Stunden lang an den Geschützen. Danach war Rohrreinigen angesetzt. Die Männer konnten eine halbe Stunde lang schlafen, bevor der Tagesangriff begann und sie wieder an die Geschütze mußten. So ging es acht Tage lang weiter, bis die Flakbedienungen aus Schlafmangel kaum noch imstande waren, die nötigen Handgriffe zu tun. Am neunten Tag wurden sie von Soldaten abgelöst, die lediglich eine Grundausbildung erhalten hatten.

Auch die Flakgeschütze litten unter diesem Dauereinsatz. Die Geschützrohre nützten sich ab, so daß Pile zweimal versuchte, das Feuer zu verringern. Aber Churchill merkte sofort, daß das nächtliche Donnern schwächer geworden war, und dieser für alle Regungen der Volksseele empfindliche Politiker wußte genau, was die Flaksperre für die Londoner bedeutete. Er rief sofort an, um zu fragen, warum nicht alle Geschütze eingesetzt würden. Sie schossen weiter, solange die konzentrierten deutschen Luftangriffe auf London andauerten, obwohl General Pile Ende Oktober 1940 schätzte, bei der gegenwärtigen Ausfallquote werde er in zwei Monaten keine 11,4-cm-Flak und in vier Monaten keine 9,4-cm-Flak mehr haben. Aber bis dahin wurde der deutsche Angriffsschwerpunkt bereits verlegt.

Nachtjäger waren in dieser ersten Zeit sogar noch erfolgloser als die Flakartillerie. Oberstleutnant John Cunningham sollte sich als der erfolgreichste englische Nachtjäger erweisen, der noch im gleichen Winter – meistens mit Major Rawnsley, seinem Navigator – über ein Dutzend feindlicher Bomben abschoß. Aber das kam alles später. Cunningham hat dem Verfasser die Enttäuschungen dieser ersten Wochen mit folgenden Worten geschildert:

„Die Periode von September bis November war am deprimierendsten für Nachtjäger. Damals waren unsere Staffeln hauptsächlich mit Blenheims ausgerüstet." Am 7. September waren in Südengland und den Midlands fünf Staffeln Blenheims, eine Kette für die Nachtjagd ausgerüsteter Hurricanes und eine Kette Defiants stationiert. „Die Blenheims verfügten über ein sehr unzulängliches Radar. In den meisten Nächten hörten wir die Bomber über unsere Flugplätze hinwegdröhnen, bevor wir in unsere Maschinen stiegen, um zu starten. Aber bis wir die Motoren angelassen hatten und in der Luft waren, war der Gegner nur noch selten zu sehen. Das Radar funktionierte nicht gut genug, als daß wir damit Bomber hätten orten und abfangen können. In den sehr seltenen Fällen, in denen die Flakscheinwerfer ein feindliches Flugzeug beleuchteten, war man meistens zu weit entfernt oder nicht hoch genug, und bis man in Zielnähe gelangte, hatte der Scheinwerfer das Flugzeug verloren – oder es war aus dem Scheinwerferbereich herausgeflogen. So fühlte man sich schließlich fast völlig hilflos. Aber im Oktober trafen die ersten Beaufighters in Staffelstärke ein ..."

Die Geschichte der radargesteuerten Nachtjagd soll in einem späteren Kapitel dieses Buches dargestellt werden.

In der Wartezeit bis zur Auslieferung der neuen Nachtjäger und vor allem der neuen Bordradargeräte und Bodeneinrichtungen, die ein Heranführen der Nachtjäger an feindliche Maschinen ermöglichen sollten, wurden zahlreiche Notlösungen erprobt – alle ohne Erfolg. Dazu gehörte die Verwendung einsitziger Tagjäger zur Nachtjagd. Das erwies sich als kostspielig, weil viele bei der Landung Bruch machten, und erfolglos, obwohl in den seltenen Vollmondnächten, in denen es bei leicht bewölktem Himmel fast taghell war, einige wenige Abschüsse erzielt wurden. Aber alle Tagjäger und ihre Piloten wurden zumindest in den ersten Wochen für die tagsüber stattfindenden Abwehrkämpfe benötigt, so daß dieser Versuch bald wieder aufgegeben wurde. Auch andere Lösungen wurden versucht. Major Rawnsley hat in seinem Buch *Night Fighter* geschrieben:

„Die zuständigen Stellen versuchten es mit allen möglichen geistvollen und sogar phantastischen Mitteln, und viel Gedankenarbeit und Mühe wurden wegen eines Trugschlusses vergeudet. Wir wußten jetzt, woraus die Lösung bestand, aber wie konnten wir mit unseren bisherigen Leistungen erwarten, daß sie alles auf eine ungewisse und noch kaum erprobte Karte setzten?

Der Trugschluß lag in ihrer tiefsitzenden und verständlichen Überzeugung, unsere Mißerfolge seien lediglich darauf zurückzuführen, daß wir nicht imstande seien, andere Flugzeuge in der Dunkelheit zu erkennen. Wir wußten natürlich, daß es in dieser Beziehung keine Schwierigkeiten geben würde, falls – und das war der springende Punkt – es gelang, uns in die richtige Position im Verhältnis zu dem von uns verfolgten Flugzeug zu bringen, so daß wir mit gleicher Geschwindigkeit in die gleiche Richtung flogen. Aber zuerst mußten wir in die richtige Position gebracht werden, um unser eigenes Radar voll einsetzen zu können.

Aber andere Vorhaben wurden ins Gespräch gebracht, und wir wurden mit von Flugzeugen mitgeführten Suchscheinwerfern, in Gruppen abgeworfenen Leuchtbomben, an Fallschirmen hängenden Luftminenfeldern und anderen Dingen bedrängt, die unsere eigenen Jäger gefährdet hätten. Manche dieser Vorschläge klangen in der Theorie ganz gut, aber die Schwierigkeiten bei ihrer Verwirklichung erwiesen sich als zu groß. Und sie gingen fast alle am eigentlichen Kernpunkt vorbei: Wie kann der Jäger in Angriffsposition gebracht werden?

Von einem noch sehr jungen Piloten, der einen seiner ersten Nachtjagdeinsätze flog, wurde erzählt, er habe plötzlich in gleicher Höhe mit sich den waagerechten Strahl eines von einem Flugzeug mitgeführten Suchscheinwerfers gesehen, ohne zu wissen, worum es sich dabei handelte. Er verlor sofort alles Vertrauen zu den Anzeigen seiner Instrumente und drückte seine Maschine in einen senkrechten Sturzflug, bis sie sich in die Erde bohrte!

Eine Quelle ständiger Heiterkeit für uns waren die Leserbriefspalten der Boulevardpresse. In ihnen lasen wir von Leuten, die Flakgeschütze auf Ballonen aufstellen wollten; andere schlugen vor, Bomber sollten über die Angreifer hinwegfliegen und Sand in ihre Motoren streuen. Ein Leser machte sogar den Vorschlag, hundert ausgemusterte Flugzeuge mit einem dreihundert Meter weit herabhängenden Stahlseil auszurüsten und in Kiellinie den Kurs der Angreifer kreuzen zu lassen.

Zum Glück für uns alle ließen die Befürworter des mit Radar ausgerüsteten Nachtjägers sich nicht irremachen.“

Die Nachtjäger genossen damals nicht das gewaltige Ansehen und die Beliebtheit, die Spitfire- und Hurricane-Piloten sich in der Luftschlacht über England erworben hatten und die sie selbst in den kommenden Monaten erringen sollten. Major Rawnsley hat dem Verfasser folgende Anekdote aus der damaligen Zeit erzählt:

„Damals in der Anfangszeit waren wir nicht sehr stolz auf unsere Leistungen, fürchte ich. Wir hatten das Gefühl, nicht genügend zu tun und die Bevölkerung im Stich zu lassen. Und die meisten von uns waren Londoner. Wenn wir gelegentlich zwei Tage Urlaub hatten, waren wir immer froh, wieder in die verhältnismäßige Sicherheit des Flugplatzes zurückzukommen. Ich erinnere mich an einen unserer Bordschützen, der im Urlaub in seinen alten Pub ging. Wegen seiner Luftwaffenuniform wurde er freigehalten, bis er unklugerweise verriet, daß er nicht zu den Bombern, sondern zu den Nachtjägern gehörte. Daraufhin bekam er sofort zu hören: ‚Ach, bei denen bist du also? Und wo bist du in der Nacht zum Sonntag gewesen, als die dort drüben das Loch in der Straße hinterlassen haben?'"

Der Tag – oder vielmehr die Nacht – des radargeführten Beaufighters sollte später kommen.

Der letzte große Tagesangriff auf London folgte am 18. September und kennzeichnete das Ende der ersten Phase der deutschen Luftangriffe. Das Londoner East End hatte das Schlimmste überstanden. Unterdessen beschränkten die Nachtangriffe sich nicht mehr auf die Hafenanlagen und das East End, und Hitler hatte, obwohl das natürlich niemand wußte, das Unternehmen „Seelöwe" zunächst bis zum Frühjahr 1941 verschoben. In Zukunft sollten die Bombenangriffe fast ausschließlich nachts durchgeführt und mit der ausdrücklichen Absicht auf ganz London ausgeweitet werden, die Hauptstadt des Britischen Weltreichs zu zerstören und soviel Elend und Verzweiflung zu verursachen, daß die Bevölkerung ihre Regierung zwingen würde, um Frieden zu bitten.

In dieser Phase ereigneten sich zwei berühmte Vorfälle, die beide anderswo sehr eingehend geschildert worden sind. Bei einem ging es um den Bombenblindgänger, der sich am 12. September in der Nähe des Südwestturmes unter der St.-Pauls-Kathedrale in die Erde grub. Er wurde nach langer mühsamer Arbeit am 15. September von Leutnant Davies von den Königlichen Pionieren entschärft, der dafür mit dem Georgskreuz ausgezeichnet wurde. Einzelheiten schildert Dr. Matthews, der Dekan der St.-Pauls-Kathedrale, in seinem Buch *St. Paul's Cathedral in Wartime.*

Bei dem anderen handelte es sich um die absichtliche Bombardierung des Buckingham-Palastes am späten Vormittag des 13. September. König Georg VI. und Königin Elisabeth entkamen nur mit knapper Not, was Sir Winston Churchill im zweiten Band seiner Kriegsmemorien dramatisch schildert. Über diesen Vorfall wurde sehr ausführlich berichtet, und das Londoner East End fand es bestimmt tröstlich, daß die erste Familie des Landes ihre Gefahren mit ihnen teilte. Auf eigenartige Weise hob dieses Wissen die Stimmung der Zivilbevölkerung, wie es die Flaksperre getan hatte.

Bevor wir uns der nächsten Phase der Luftschlacht zuwenden, in der die Luftschutzräume der Lebensmittelpunkt der Londoner Millionen waren und die bis zum 13. November 1940 dauerte, ist es vielleicht angebracht, dieses Kapitel mit einer kurzen Zusammenfassung der von der deutschen Luftwaffe geflogenen Angriffe auf London zu beschließen. Die für Nachtangriffe genannten Zahlen sind *The Defence of the United Kingdom* entnommen und stammen aus deutschen Archiven.

7. September 1940, Tagesangriff:

Über 300 Bomber greifen die Hafenanlagen und die Stadtbezirke an der Themse an.

Nachtangriff:

247 Bomber werfen 335 Tonnen Sprengbomben und 440 Behälterbrandbomben ab; Hauptangriffsziel sind die Hafenanlagen.

8. September, tagsüber:

Nur geringe Angriffstätigkeit.

Nachts:

171 Bomber werfen 207 Tonnen Sprengbomben und 327 Behälterbrandbomben ab; Hauptangriffsziel sind erneut die Hafenanlagen.

9. September, tagsüber:

Von 200 gegen London eingesetzten Bombern greifen 90 die englische Hauptstadt an.

Nachts:

195 Bomber werfen 232 Tonnen Sprengbomben und 289 Behälterbrandbomben ab; Hauptangriffsziele sind die Hafenanlagen und das Londoner East End.

10. September, tagsüber:

Nur geringe Angriffstätigkeit.

Nachts:

148 Bomber werfen 176 Tonnen Sprengbomben und 318 Behälterbrandbomben ab. Hauptangriffsziele sind die Hafenanlagen und das Londoner East End.

11. September, tagsüber:

Schwere Angriffe auf London und Southampton. Die RAF verliert 29 Jäger und schießt 25 feindliche Maschinen ab. Die Deutschen betrachten das als Sieg.

Nachts:

180 Bomber werfen 217 Tonnen Sprengbomben und 148 Behälterbrandbomben ab. Teils wegen der Flaksperre, teils wegen geänderter Angriffsbefehle werden nicht mehr ausschließlich die Hafenanlagen angegriffen.

12. September, tagsüber:

Nur geringe Angriffstätigkeit.

Nachts:

Lediglich 43 Bomber über London; sie werfen 54 Tonnen Sprengbomben und 61 Behälterbrandbomben ab.

13. September, tagsüber:

Nur geringe Angriffstätigkeit.

Nachts:

105 Bomber werfen 123 Tonnen Sprengbomben und 200 Behälterbrandbomben ab.

14. September, tagsüber:

Schwerer Tagesangriff auf London. Die RAF verliert 14 Jäger und schießt dafür 14 deutsche Maschinen ab. Göring hält den Sieg für greifbar nahe, und Hitler verschiebt die Entscheidung über das Unternehmen „Seelöwe“ um weitere drei Tage.

Nachts:

Ein leichter Angriff auf London, bei dem 38 Bomber 55 Tonnen Sprengbomben und 43 Behälterbrandbomben abwerfen.

15. September, tagsüber:

Über 200 Bomber werden von etwa 700 Jägern begleitet gegen London eingesetzt. Die RAF schießt 60 feindliche

Maschinen ab und verliert dabei nur 26 Jäger. Damit war der Versuch der deutschen Luftwaffe, die Luftherrschaft zu erringen, gescheitert, was wiederum das Ende des Unternehmens „Seelöwe“ bedeutete. Dieser Sieg wird noch heute alljährlich als Battle of Britain Day gefeiert.

Nachts:

181 Bomber werfen 224 Tonnen Sprengbomben und 279 Behälterbrandbomben auf London ab.

16. September, tagsüber:

Nur geringe Angriffstätigkeit.

Nachts:

170 Bomber werfen 189 Tonnen Sprengbomben und 318 Behälterbrandbomben auf London ab.

17. September, tagsüber:

Nur geringe Angriffstätigkeit. Hitler bläst das Unternehmen „Seelöwe“ ab.

Nachts:

268 Bomber werfen 334 Tonnen Sprengbomben und 391 Behälterbrandbomben auf London ab.

18. September, tagsüber:

Der letzte große Tagesangriff. 70 Bomber werden in drei Wellen gegen London eingesetzt. Die RAF schießt 19 ab und verliert dabei zwölf Jäger.

Nachts:

Der bisher schwerste Nachtangriff auf London. 300 Bomber werfen 350 Tonnen Sprengbomben und 268 Behälterbrandbomben ab.

Irgendein Schlafplatz

Die Vorstellungen, die Londoner von den deutschen Luftangriffen haben, werden vielleicht weniger von Erinnerungen an lodernde Brände, einstürzende Gebäude und dem Dröhnen von Flugmotoren hoch am Nachthimmel geprägt, als von Bildern aus den großen öffentlichen Schutzräumen bestimmt: Männer und Frauen, die in unbequemer Haltung in riesigen Gewölben und unter dunklen Bogen schlafen – auf U-Bahnhöfen und in dem langen, röhrenförmigen Tunnel der damals noch nicht fertiggestellten U-Bahnstrecke jenseits des Bahnhofs Liverpool Street.

In Wirklichkeit suchten nur verhältnismäßig wenige Menschen solche Luftschutzräume auf, neben denen es zahlreiche weitere Arten von Schutzräumen gab. Obwohl die öffentlichen Schutzräume im September und Oktober stärker belegt gewesen waren, suchten Anfang November 1940 – als die deutschen Luftangriffe so intensiv wie zuvor weitergingen und die erste Zählung von Schutzrauminsassen durchgeführt wurde – 60 Prozent der Bevölkerung niemals einen Luftschutzraum auf.

Die meisten in der Stadt gebliebenen Londoner gingen einfach zu Hause ins Bett. In den meisten Fällen brachten sie ihre Betten ins Erdgeschoß, wenn sie ein Haus bewohnten, und stellten sie dort möglichst unter der Treppe auf. In Wohnblocks rückten die Mieter ihre Betten von den Fenstern weg oder schliefen auf Matratzen in Dielen oder Gängen, wo keine Gefahr von Verletzungen durch Glassplitter bestand.

Falls ihr Haus einen Keller hatte, schliefen sie möglicherweise dort, nachdem sie ihn mit Balken, doppelten Mauern oder sogar Stahlstreben abgestützt hatten. Im Keller hatten sie oft ihre wertvollsten Besitztümer und unersetzliche Papiere bei sich. Für die meisten Angehörigen des Mittelstandes waren die Vorsichtsmaßnahmen damit erschöpft. Außerdem entwickelte sich in der Bevölkerung eine Art Stolz oder sogar ein gewisser Snobismus in bezug auf die Benützung öffentlicher Schutzräume. Jedenfalls steht außer Zweifel, daß viele Menschen, die sich insgeheim am liebsten im tiefsten U-Bahntunnel verkrochen hätten, daran durch die Angst, ihr Gesicht zu verlieren, gehindert wurden, weil sie dadurch eine andere Angst eingestanden hätten – und sie hatten von Kindheit an gelernt, daß man Todesangst (obwohl die Angst vor dem Tod eine ganz natürliche Regung ist) niemals zeigen dürfe.

Wenn Wohngebäude – im Gegensatz zu Bürogebäuden – von Bomben getroffen wurden, mußten die Rettungstrupps fast jedesmal verschüttete Überlebende oder Tote bergen, während andere Bombenopfer aus gefährlichen Lagen in oberen Stockwerken zu retten waren.

Mr. William Samson erzählt von einem Mann in Westminster, der sehr spät nach Hause kam und nicht merkte, daß sein Haus zur Hälfte eingestürzt war. Er stieg die Treppe hinauf und legte sich zum Glück in der noch stehenden Hälfte des Schlafzimmers ins Bett. Er wurde über eine Leiter gerettet.

In vielen Fällen hatten Bombenopfer fast unglaubliches Glück. In Poplar nahm eine hübsche junge Frau ein Bad, als ihr Elternhaus von einer Bombe getroffen wurde. Durch einen seltsamen Zufall – die Wirkungen von Bombendetonationen konnten sehr merkwürdig sein – kippte die Wanne mit ihr um, begrub sie unter sich und bot ihr dadurch Schutz vor den Trümmern, unter denen sie verschüttet wurde. Der Rettungstrupp grub einen senkrechten Schacht in die Tiefe, um die verschüttete Person zu bergen, und als die Männer die Badewanne hochwuchteten, waren sie verständlicherweise nicht wenig überrascht, darunter eine hübsche, nackte, unverletzte junge Frau zu finden. Die Gerettete genierte sich sehr. Luftschutzwart Smith fand in den Trümmern ein schmutziges Flanellnachthemd, das immerhin besser als gar nichts war, und die junge Frau streifte es in der Tiefe des Schachtes über, bevor sie mit einem Flaschenzug in die Höhe gehievt wurde. Unglücklicherweise blieb ihr schmutziges Nachthemd jedoch unterwegs an einem Nagel oder großen Splitter hängen, und als sie aus dem Trümmerschutt auftauchte, war sie wieder nackt und rosig wie die schaumgeborene Venus, als sie vor Zypern dem Meer entstieg. Diesmal gab Luftschutzwart Smith ihr seinen Mantel. Aber die junge Frau genierte sich so sehr, wie er mit einigem Bedauern feststellte, daß sie nicht nur nicht den Mut fand, ihm den Mantel zurückzugeben, sondern noch jahrelang auf die andere Seite der Bow Street überwechselte, wenn sie sah, daß er ihr auf der Straße entgegenkam.

Der während der deutschen Luftangriffe am häufigsten aufgesuchte Schutzraum waren die Anderson-Unterstände, in denen 27 Prozent der Schutzsuchenden schliefen. (Der Morrison-Unterstand, eine tischähnliche Konstruktion aus Stahl und Maschendraht, die in Erdgeschoßräumen errichtet wurde und wie die Badewanne der jungen Dame das Gewicht eines eingestürzten kleinen Hauses tragen konnte, wurde erst im Frühjar 1941 eingeführt und spielte deshalb während der Luftangriffe nur eine untergeordnete Rolle.) Der Anderson-Unterstand erfüllte alle in ihn gesetzten Erwartungen. Er sollte seiner Konstruktion nach keinen Volltreffer aushalten, aber er widerstand dem Detonationsdruck einer 250-kg-Bombe, die in nur zehn Meter Entfernung einschlug, und in vielen Fällen hielten diese kleinen Unterstände sogar noch mehr aus.

Zu den Nachteilen der Anderson-Unterstände gehörte die Tatsache, daß sie sehr leicht voll Wasser liefen, weil sie bis zur halben Höhe ins Erdreich eingelassen wurden. Ihre Besitzer taten ihr Bestes, um eine Entwässerung sicherzustellen, aber das war nicht einfach, und die ohnehin schon überlasteten Feuerwehrmänner mußten viel Zeit damit verbringen, Anderson-Unterstände auszupumpen. Außerdem waren sie im Winter nicht leicht zu beheizen. Ein weiterer Nachteil der Anderson-Unterstände im Vergleich zu öffentlichen Schutzräumen war psychologisch bedingt. Die Schutzsuchenden hörten alle Motorengeräusche und Detonationen, und während der Luftangriffe zeigte sich bald, daß Angst vor allem durch Lärm ausgelöst wurde. Insgesamt gesehen waren diese kleinen Schutzräume jedoch äußerst erfolgreich. Aber selbst ein Anderson-Unterstand konnte zu einer Todesfalle werden.

Der Hartland Way am Golfplatz Addington im Süden Londons ist eine Straße mit hübschen Einfamilienhäusern auf Gartengrundstücken. Am 11. September stürzte dort ein englischer Jäger auf zwei Häuser. Das brennende Flugbenzin aus dem Wrack floß in einen Anderson-Unterstand, in dem eine junge Mutter mit zwei Kindern und einer Freundin Schutz gesucht hatte. Alle vier kamen in den Flammen um.

Die gemauerten Straßenschutzräume, in denen neun Prozent der Schutzsuchenden schliefen, waren ursprünglich für Passanten oder Bewohner von Mietwohnungen, für die keine Anderson-Unterstände aufgestellt werden konnten, gedacht gewesen und hatten den holperigen Namen „zivile Gemeinschafts-Oberflächenschutzräume“ erhalten. Sie waren nicht sonderlich beliebt und genossen keinen guten Ruf, was vor allem die Schuld eines Beamten im Zivilschutzministerium und seiner Vorgesetzten war.

Um den damals knappen Zement zu sparen, ordnete das Ministerium Ende 1939 an, beim Bau von über der Erde gelegenen Schutzräumen sei der Zement im Mörtel im Verhältnis zwei zu eins durch Kalk zu ersetzen. Dieser Mörtel erwies sich als brauchbar. Im April 1940 erließ das Ministerium jedoch neue Anweisungen, die so schlecht formuliert waren, daß viele Bauleiter glaubten, in Zukunft dürfe nur noch Kalkmörtel verwendet werden. Im Juli betonte das Ministerium dann in neuen Anweisungen, daß auf keinen Fall reiner Kalkmörtel verwendet werden dürfe – aber die vorigen, unklaren Bestimmungen wurden mit keinem Wort erwähnt. Auf diese Weise blieben die zwischen April und Juli erbauten Straßenschutzräume unverstärkt, bis die Bomben fielen, woraufhin einige von ihnen zusammenbrachen.

In den meisten Fällen wurde das aus einer Stahlbetonplatte bestehende Dach durch den Detonationsdruck einer in der Nähe detonierenden Bombe angehoben und krachte auf die Ziegelwände herab, die dann einstürzten, weil der Mörtel nicht hielt, und die Schutzsuchenden erschlugen. Die rasch verwirklichte Lösung dieses Problems bestand darin, daß doppelte Außenwände errichtet und die Stahlbetonplatten so vergrößert wurden, daß sie auf allen Seiten überstanden und sich einige Zentimeter weit bewegen konnten, ohne von den Auflageflächen zu rutschen.

Die gemauerten Schutzräume wiesen nicht nur bedauerliche Mängel auf, sondern waren in mancher Beziehung auch die ungemütlichsten aller Schutzbauten. Da sie etwa 50 Personen aufnehmen konnten, fehlte ihnen die private Atmosphäre der Anderson-Unterstände, ohne daß andererseits das vieles erleichternde Gemeinschaftsgefühl der riesigen öffentlichen Schutzräume entstanden wäre. Außerdem wirkten sie nicht sonderlich stabil, und viele Londoner glaubten, ihre Flachdächer seien aus der Luft auffällig gut sichtbar und dienten den deutschen Bomberbesatzungen deshalb als Ziele. Das war natürlich Unsinn, aber diese Theorie fand viele Anhänger: In einigen Straßen versuchten die Schutzsuchenden ihren Bunker dadurch zu tarnen, daß sie das flache Dach mit Zweigen bedeckten.

Der einzige weitere Schutzraumtyp – zumindest in der Anfangszeit –, der mit staatlichen Mitteln gefördert wurde, war der Grabenschutzraum. Diese Gräben wurden im allgemeinen in Parks ausgehoben. Viele von ihnen waren während der Sudetenkrise auf Anordnung des Innenministeriums in fast panischer Hast ausgehoben worden. Zu Anfang waren sie nur Splittergräben gewesen, aber im nächsten Winter wurden die Stadtgemeinden angewiesen, diese einbrechenden Gräben zu dauerhaften Schutzbauten mit 1,20 Meter Tiefe auszubauen, in denen zehn Prozent ihrer Einwohnerschaft untergebracht werden konnten. Sie wurden mit Stahlbeton oder Stahl ausgekleidet und überdacht und erhielten geschlossene Eingänge, aber weder Lattenroste, Sitze noch Toiletten. Auf diese Weise erinnerten sie an langgestreckte oberirdische Schutzbauten, die halb in die Erde eingelassen waren und Fußböden aus Erde hatten.

Nach Kriegsausbruch im Jahre 1939 wurde dieses Bauprogramm beschleunigt. Die in großen Mengen bestellten vorgefertigten Stahlbetonauskleidungen für solche Gräben erwiesen sich jedoch als mangelhaft; sie waren nicht nur wasserdurchlässig, sondern gaben nach, als die Luftangriffe tatsächlich begannen. Diese etwas primitiven Schutzräume sollten klein sein, um der staatlichen Politik der Verteilung der Bevölkerung auf viele kleine Luftschutzräume zu entsprechen, und wie die Straßenbunker etwa 50 Personen Schutz bieten. Viele waren jedoch erheblich größer. In einigen, aber nicht allen Gräben wurden vor Beginn der deutschen Luftangriffe Lattenroste und Bänke installiert. Sie waren beliebter als die Straßenbunker. Die Schutzsuchenden fühlten sich unter der Erde sicherer, und die Grabenschutzräume waren mit einer einen Meter dicken Erdschicht bedeckt. Außerdem wurden sie irrigerweise für wärmer gehalten. Als die Luftangriffe begannen, entschieden viele Londoner sich für diesen Schutzraumtyp.

Außerdem gab es die „selbstgewählten" Schutzräume, wie die Behörden sie nannten – Keller, Gewölbe und andere unterirdische Räume, die sicher waren oder zumindest sicher aussahen. Manche von ihnen waren von den Stadtgemeinden offiziell als Luftschutzräume bestimmt und ausgebaut worden, wobei sie druckfeste Eingänge, Gasschutzvorrichtungen und dergleichen erhielten.

Andere Räume wurden aus unterschiedlichen Gründen von Bürgern okkupiert: weil sie im Ersten Weltkrieg als

Schutzräume gedient hatten, weil sie sicher aussahen oder aus ganz unlogischen massenpsychologischen Gründen. Sehr große Gebäude wie Bahnhöfe vermittelten allein wegen ihrer Größe ein in vielen Fällen illusionäres Sicherheitsgefühl. Ein in einen Hügel hinausgebauter Keller wirkte unter Umständen sicher, weil er einen unterirdischen Eingang hatte, obwohl über seinem Dach nur eine dünne Erdschicht lag.

Solche improvisierten Schutzräume konnten in den verschiedensten Formen auftreten – von den absolut sicheren Luftschutzräumen unter großen, modernen Verwaltungsgebäuden bis hin zu den Todesfallen, als die sich viele Bahnhofshallen erweisen sollten. Manche waren sauber, warm und behaglich; andere waren unbeschreiblich schmutzig und verwahrlost.

Im allgemeinen erwies es sich als unmöglich, die Schutzsuchenden aus solchen Räumen zu vertreiben, auch wenn sie noch so gefährdet und unhygienisch waren. Die Stadtgemeinden, vor allem die Bezirke im Londoner East End, befanden sich deshalb in einer Zwickmühle. Sollten sie ihr Bestes tun, um diese gefährdeten Räume so sicher und sauber wie möglich zu machen?

Das hätte als Rechtfertigung ihrer weiteren Benützung aufgefaßt werden können. Aber konnten sie andererseits zulassen, daß ihre Bürger in Schmutz und Elend hausten? In den meisten Fällen scheinen die Verantwortlichen sich anfangs dafür entschieden zu haben, nichts für diese improvisierten Schutzräume zu tun, weil sie dann hoffentlich aufgegeben werden würden. Als diese Hoffnung sich nicht erfüllte und die allgemeine Empörung hohe Wellen schlug, wurde eine staatliche Untersuchungskommission eingesetzt, deren Arbeit dazu führte, daß die Stadtgemeinden später alles in ihren Kräften Stehende taten, um die Verhältnisse in solchen Schutzräumen zu verbessern.

Mit allen möglichen Methoden wurde versucht, die Bürger in ausgebaute Luftschutzräume zu holen und sie davon abzuhalten, unsichere Schutzräume zu benützen. Zwangsmaßnahmen erwiesen sich als wenig erfolgreich. Überredungsversuche waren wirksamer. Um die Bevölkerung zur Benützung der besser ausgebauten Schutzräume anhalten zu können, hatte der Rat in Bethnal Green die clevere und originelle Idee, an den schönen Herbstabenden Tanzveranstaltungen in den Parks zu organisieren. Die Musik kam von Schallplatten und wurde über Lautsprecher übertragen. Sobald die Sirenen losheulten, war es leicht, die Tänzer und Zuschauer durch Lautsprecherdurchsagen dazu zu bringen, die ausgebauten Schutzräume im Park oder in der Nähe aufzusuchen. So wurde Ordnung gewahrt; ein Chaos wurde vermieden, und die Menschen kamen, was vielleicht ebenso wichtig war, in verhältnismäßig guter Stimmung in den Schutzräumen an.

Andererseits mußte ein Volltreffer auf einen Straßenbunker oder einen Grabenschutzraum, in dem es schwere Verluste gab, das Vertrauen in solche Schutzbauten ernstlich erschüttern. In Chelsea wurde beispielsweise ein verstärkter Grabenschutzraum auf einem Kinderspielplatz, der den Bewohnern eines Arbeiterwohnblocks als Zuflucht diente, bei einem der ersten Luftangriffe getroffen. Das Dach gab nach, knickte ein und schlug fünf Insassen bewußtlos. Gleichzeitig brach eine Hauptwasserleitung an diesem Ende des Grabenschutzraums, so daß die Bewußtlosen ertranken. Die Bewohner des Wohnblocks verloren begreiflicherweise das Vertrauen zu ihren Schutzräumen und suchten sehr verbittert anderswo Unterschlupf.

Als die Menschen im Londoner East End die schlecht gebauten Straßenbunker zusammenbrechen sahen, war es nicht mehr überraschend, daß viele von ihnen es vorzogen, in völlig unzulänglichen Gewölben und Kellern Zuflucht zu suchen.

Der berüchtigtste dieser großen Schutzräume war der Tilbury Shelter, der in Wirklichkeit Bestandteil des Güterbahnhofs Liverpool Street an der Commercial Road in Stepney war. Die komplizierte Geschichte dieses Schutzraums hatte einen politischen Aspekt: Die Kommunisten forderten seine Besetzung und feierten sie als Sieg, als sie erreicht war. Später besichtigte der sowjetische Botschafter den Luftschutzraum, wobei die Schutzsuchenden begeistert *The Red Flag* sangen. Die ganze Geschichte rief in Whitehall viel Kopfschütteln hervor.

Auch der Tilbury Shelter war im Ersten Weltkrieg benützt worden. Ein Teil – Keller und Gewölbe – war im Zweiten Weltkrieg als öffentlicher Schutzraum für 3000 Menschen eingerichtet worden. Der andere Teil war der Ladehof eines riesigen Lagerhauses, das unterhalb der Ebene der Commercial Road, aber in gleicher Höhe mit den Seitenstraßen lag. Darüber erhob sich ein riesiges gigantisches Lagerhaus mit massiven Stahlträgern, die völlig sicher aussahen. Auf den langen Laderampen, zu denen Fahrbahnen und ein Eisenbahngleis führten, stapelten sich Lebensmittel. Nach außen hin wurde das Gebäude durch Mauern abgeschlossen.

Lord Ritchie Calder, der den Tilbury Shelter in der Anfangszeit besuchte, hat ihn folgendermaßen beschrieben:

„Als der öffentliche Schutzraum überfüllt war, ließen die für den restlichen Teil Zuständigen die Schutzsuchenden aus humanitären Gründen auch dort ein. Das Ergebnis war unglaublich. Die Schätzungen über die Zahl der Personen in diesem enteigneten Schutzraum schwankten, aber als ich in einer Regennacht dort war, kamen zusätzliche Menschen aus einem Luftschutzkeller dazu, der vollgelaufen war, und die Luftschutzwarte schätzten, daß sich in den beiden Hälften über 14 000 Menschen aufhielten.

Die Leute stellten sich ab Mittag an und warteten darauf, daß die Tore um 16.30 Uhr geöffnet wurden. Soldaten auf Urlaub hielten Plätze für ihre noch arbeitenden Angehörigen frei. Nicht evakuierte Schulkinder warteten ‚stellvertretend' für ihre Verwandten. Alte Menschen in Rollstühlen, Invalide, Kinder in Kinderwagen und Männer und Frauen jedes Alters und jeder Verfassung stellten sich an, ohne auf tagsüber heulende Sirenen und selbst über ihnen stattfindende Luftkämpfe zu achten, denn wenn sie in Deckung gingen, verloren sie ihren Platz in der Schlange und ihr ‚Anrecht' auf ihren Lieblingsschlafplatz.

Sobald die Tore geöffnet wurden, bildeten Polizisten eine Kette, um den Ansturm die Schrägrampe hinunter aufzuhalten, aber sie hätten ebensogut versuchen können, eine wildgewordene Büffelherde aufzuhalten. Im allgemeinen wurde eine Gasse für alte Menschen und Mütter mit Kinderwagen oder Kleinkindern offengehalten (obwohl die Polizei mitbekam, daß manche Kinderwagen keine Säuglinge, sondern die Wertsachen der Familie enthielten). Manchmal wurden Frauen und Kinder im Gedränge niedergetrampelt.

Nachts bot sich dem Beobachter eine Szene, die westlich von Suez nicht ihresgleichen hatte. Auf den Fahrbahnen mußte man über die Liegenden hinwegsteigen. Bis das Ernährungsministerium intervenierte und die Margarinekartons und sonstigen Lebensmittel abtransportieren ließ, schliefen Menschen auf den Rampen zwischen oder auf Lebensmitteln. Anfangs gab es praktisch keinerlei sanitäre Einrichtungen, und der Schmutz sickerte in die Decken ein oder wurde von trampelnden Füßen weitergetragen. Manchmal wurden Margarinekartons zu Latrinen aufgestapelt.

Sämtliche Rassen und Hautfarben der Welt waren hier vertreten – Weiße, Neger, Chinesen, Hindus, Polynesier, Levantiner, Osteuropäer, Juden, Christen, Moslems und wahrscheinlich auch Sonnenanbeter waren dort alle in wirrem Durcheinander zusammengedrängt. Matrosen kamen bei Ebbe für ein paar Stunden herein. Prostuierte boten sich an. Straßenhändler verkauften kalten gebratenen Fisch, der den Mief mit fettigem Geruch verstärkte. Die Polizei schlichtete Schlägereien. Und Kinder schliefen."

So merkwürdig das klingen mag: Im Londoner West End gab es Leute, die diesen und ähnliche Schutzräume besichtigten, wie sie vor dem Krieg fröhliche Gruppen gebildet hatten, um einen Abstecher nach Chinatown zu machen oder in Wapping die Pubs an der Themse zu besuchen. Slumbesuche dieser Art waren bei den Schutzsuchenden, die in Stepney ihre Solidaritätslieder sangen, selbstverständlich keineswegs beliebt, und mindestens eine Gruppe solcher Besucher wurde verprügelt und hinausgeworfen. Aber wer Spaß an solchen Schauspielen hatte, konnte in der U-Bahn für den lächerlichen Preis einer Fahrkarte viel sehen – und riechen.

Die Absicht staatlicher Stellen, die U-Bahn von Schutzsuchenden freizuhalten, ließ sich praktisch von Anfang an nicht verwirklichen. Die Leute kauften sich einfach eine

Fahrkarte für eineinhalb Pence, fuhren nach unten und blieben dort. Um sie während der Angriffe ins Freie zu treiben, hätte man nicht nur eine gewaltige Polizeistreitmacht, sondern auch eine Härte gebraucht, von der damals nicht viel zu erkennen war.

Die Zahl der Londoner, die in der U-Bahn Schutz suchten, erreichte ihren Höhepunkt Ende September 1940 – nach Angaben in dem Bericht *London Transport Carried On* des London Passenger Transport Board am 27. September, als sich 177 000 Personen in der U-Bahn aufhielten – und nahm dann allmählich wieder ab. Während der deutschen Luftangriffe im Winter und Frühjahr betrug die Durchschnittszahl über 100 000, um in Nächten ohne Angriffe auf 70 000 bis 80 000 zurückzugehen.

In der ersten Zeit herrschte allgemeines Durcheinander. Anfangs wurden Schutzsuchende nicht vor 16 Uhr in die U-Bahnhöfe eingelassen. Das führte dazu, daß Frauen, die sich einen Platz sichern wollten, teilweise schon ab 10 Uhr vor den U-Bahnzugängen anstanden oder ihre Kinder für sich anstehen ließen. Die Banden Jugendlicher, die sich früher durch den Verkauf von Plätzen in den Schlangen vor Theaterkassen auf parasitäre Weise ihren Lebensunterhalt verdient hatten, wandten sich jetzt diesen lebenswichtigeren Schlangen zu, weil die Theater geschlossen hatten. Sie stellten sich an, legten Lumpenbündel ab, um „reservierte" Plätze auf den Bahnsteigen zu kennzeichnen, und verkauften diese Plätze für unterschiedliche Beträge, wobei eine halbe Krone als hoher, aber nicht übertrieben hoher Preis galt.

Das Aufsichtspersonal und die Polizei bemühten sich unterdessen, zumindest einen Teil der Bahnsteige für Fahrgäste freizuhalten, indem sie zwei weiße Linien zogen, die 1,20 und 2,40 Meter von der Bahnsteigkante entfernt waren. Bis 19.30 Uhr sollten die Schutzsuchenden hinter der 2,40-m-Grenze bleiben müssen. Nach dem Berufsverkehr sollte bis 22.30 Uhr der 1,20 Meter breite Streifen an der Bahnsteigkante für Fahrgäste freigehalten werden. Um 22.30 Uhr wurden der U-Bahnverkehr eingestellt, die Beleuchtung verringert (auf Bitten der Schutzsuchenden), aber nicht ausgeschaltet, und die stromführende Schiene stromlos gemacht.

Die Schutzsuchenden, die in manchen Fällen einen geselligen Abend mit Kartenspiel, Gesang und Scherzen verbracht hatten, hatten nun den ganzen Bahnhof für sich und schliefen irgendwo auf den Bahnsteigen, in den Gängen, auf den Rolltreppen und manchmal sogar zwischen den Gleisen. Am nächsten Morgen wurden sie sehr früh aus den Bahnhöfen vertrieben.

Daß der Aufenthalt auf U-Bahnhöfen unbehaglich war, steht außer Zweifel. Zu den kleineren Unannehmlichkeiten gehörte eine Mückenplage in den Tunnels, weil die Mücken wegen der von den vielen Menschen abgegebenen Wärme nicht in ihre sonstige Winterstarre verfielen. Unangenehm war auch der mal heiße, mal kalte Wind, der durch die Tunnels heulte (später verlangten die Schutzsuchenden, daß nach 22.30 Uhr die Ventilatoren abgestellt werden sollten, was dann auf vielen Bahnhöfen geschah).

Weitere Unannehmlichkeiten waren die Läuse, die den Gesundheitsbehörden beträchtliche Sorgen machten, der Gestank menschlicher Exkremente in den Tunnels, bevor Toiletten installiert wurden, und natürlich die Härte der steinernen Bahnsteige und der allgemeine Platzmangel.

Aber das spielte alles keine Rolle: Die U-Bahnhöfe galten als bombensicher, obwohl nur die tiefsten diese Bezeichnung wirklich verdienten. Darüber waren sich nur wenige Londoner im klaren. Das führte dazu, daß sie sich auch auf U-Bahnhöfen zusammendrängten, die später getroffen wurden, wobei es viele Tote gab. In aufeinanderfolgenden Oktobernächten wurden die U-Bahnhöfe Trafalger Square (sieben Tote), Bounds Green (19 Tote, davon 16 belgische Flüchtlinge, die an einem Ende des Bahnsteigs eine mitleiderregende Kolonie bildeten), Praed Street (acht Tote) und am 14. Oktober mit den schlimmsten Folgen Baldham getroffen.

Die Decke des U-Bahnhofes Baldham liegt etwa zehn Meter unter der Baldham High Street, und zwischen Straße und U-Bahn befindet sich das übliche Gewirr von Wasserleitungen, Abwasserkanälen, Strom- und Telefonkabeln und Gasleitungen. Sie alle wurden durchschlagen. Wasser aus den Leitungen und Kanälen floß auf den U-Bahnhof, auf dem etwa 600 Personen Schutz gesucht hatten – zuerst nur ein Rinnsal, dann ein Sturzbach und zuletzt ein ein Meter tiefer Strom, der tonnenweise Sand und Schutt mitführte. Gleichzeitig stank es nach Leuchtgas.

Ein U-Bahnführer des London Passenger Transport Board hat seine Erlebnisse mit folgenden Worten geschildert:

„Es war etwa acht Uhr abends. Ich stand auf dem Bahnsteig und unterhielt mich mit Leuten, als eine gewaltige Detonation über dem Bahnhof zu hören war. Gleichzeitig erfolgte bei einer der Bahnsteiglampen ein ‚Überschlag', so daß der Bahnhof im Dunkeln lag. Als es finster wurde, setzte eine Panik ein, eine schlimme Panik. Ich erklärte den Leuten: ‚Keine Angst, wir bekommen in ein paar Minuten wieder Licht.'

Um mich herum waren viele Frauen und Kiner, darunter

meine eigene Frau und unsere zwei Kinder, und ich habe mit ihnen gesprochen. Als ich sagte, wir würden bald wieder Licht bekommen, war mir nicht klar, daß der Tunnel eingebrochen war. Dann roch es nach Gas, und die Kinder kreischten nach ihren Gasmasken. Ich holte meine Taschenlampe heraus, richtete sie nach oben und sah Wasser in Sturzbächen herunterkommen.

Ich dachte, es sei allmählich Zeit, etwas zu unternehmen, um diese Leute in Sicherheit zu bringen. Ich ging nach hinten und öffente den Notausstieg. Dann brachte ich die Leute dazu, sich disziplinierter zu verhalten und nacheinander den Notausstieg zu benützen. Es dauerte ungefähr zehn Minuten, bis sie alle hindurchgeklettert waren – ungefähr siebzig bis achtzig Menschen. Ich forderte sie auf, die Rolltreppe hinaufzusteigen und am Eingang vor den Fahrkartenschaltern zu warten. Dann kam die Rettungsmannschaft und nahm meine Taschenlampe mit, so daß ich ohne sie zurechtkommen mußte.

Unterdessen strömte weiter Wasser herein, und ich stand bis zu den Knien im Wasser. Bald war daraus der reinste Wasserfall geworden. Nach etwa fünf Minuten waren die Rettungsgruben im Gleisbereich vollgelaufen. Das Wasser stieg bis etwa zur zweiten Stufe der Rolltreppe."

Wie Mr. Charles Graves berichtet, trug dieser U-Bahnführer an den Händen noch sieben Jahre später Narben von Verletzungen, die ihm die Verzweifelten zugefügt hatten, während er den Notausstieg entriegelt hatte.

Die Einstellung der Regierung und damit auch der Stadtgemeinden zum ganzen Luftschutzproblem veränderte sich in den ersten Wochen der deutschen Angriffe in zwei Punkten ganz entscheidend.

Das Vorhaben, durch Dislozierung die Zahl der Opfer zu senken, war zumindest im East End und der Londoner Innenstadt teilweise fehlgeschlagen. Die großen, von der Bevölkerung besetzten Schutzbauten und U-Bahnhöfe existierten. Falls man die Schutzsuchenden nicht mit Gewalt vertreiben wollte – was natürlich von niemandem ernstlich befürwortet wurde –, mußte etwas unternommen werden, um die Gefahren zu verringern, die für die Regierung Grund genug gewesen waren, sich von Anfang an gegen große öffentliche Schutzräume auszusprechen.

In dieser Beziehung drohten drei Gefahren: Die körperliche Gesundheit der Schutzsuchenden war durch Epidemien bedroht; ihre geistige Gesundheit war durch fortschreitende Demoralisierung, Hysterie, eine allgemeine Verweigerungshaltung und die unter dem Begriff „Schutzraum-Mentalität“ zusammengefaßten Erscheinungen gefährdet; in engem Zusammenhang mit dieser zweiten Gefahr war die Bedrohung durch Vorfälle mit schweren und schockierenden Verlusten zu sehen.

Bereits am 14. September 1940, nur eine Woche nach Beginn der schweren Luftangriffe, ernannten der Gesundheitsminister und der Zivilschutzminister gemeinsam einen Ausschuß unter Vorsitz von Lord Horder, der den Auftrag hatte, „die Verhältnisse in Luftschutzräumen, die für Schlafzwecke benützt werden, unter besonderer Berücksichtigung von Gesundheitserwägungen“ zu untersuchen. Der Horder-Ausschuß, der vermutlich einen Schnelligkeitsrekord für derartige Untersuchungen aufstellte, gab seine ersten Empfehlungen schon vier Tage später ab.

Der Horder-Ausschuß sah die Hauptgefahr in der Überfüllung der „selbstgewählten“ Schutzräume. Er befürwortete deshalb einen intensiven Werbefeldzug mit dem Ziel, die Bevölkerung dazu zu veranlassen, in ihren Anderson-Unterständen und Straßenschutzbauten zu bleiben, und sprach sich dafür aus, diese Schutzräume attraktiver zu machen: Die Anderson-Unterstände sollten Schlafkojen, Vorhänge an den Eingängen und eine Beleuchtung erhalten; die Straßenbunker sollten bestimmten Bürgern zugewiesen werden, „die das Recht haben sollten, sie als ihr Eigentum zu betrachten (und die Schlüssel für etwa vorhandene Türen bekommen sollten)".

Diese Vorschläge, die in einigen Stadtgemeinden in gewissem Umfang verwirklicht wurden, scheinen nicht allzu viele Londoner dazu veranlaßt zu haben, ihre „selbstgewählten" Schutzräume aufzugeben. Wie wir bereits erwähnt haben, waren sie aus emotionalen, nicht aus rationalen Motiven in Bahnhofshallen und Kellerräume gezogen. Andererseits trug die Verwirklichung dieser Vorschläge vielleicht dazu bei, daß nicht noch mehr Bürger ihre Anderson-Unterstände und Straßenbunker verließen.

Der Horder-Ausschuß schlug vor, die Stadtgemeinden sollten alle „selbstgewählten" Schutzräume besichtigen und versuchen, weitere ähnliche Räume zu finden, um die herrschende Überfüllung zu mildern. Danach sollten sie alle Schutzräume genehmigen, die in bezug auf Schutzwirkung und Hygiene bestimmten Mindestanforderungen genügten. Dieser Vorschlag wurde verwirklicht und wirkte sich allmählich aus.

Weiterhin wurde angeregt, die Stadtgemeinden sollten ihre Schutzraumreserven zusammenlegen, was lediglich eine Verwaltungsfrage war, die nachts nicht benötigten Schutzräume in Fabriken sollten öffentlich zugänglich gemacht werden und „die Möglichkeit, das U-Bahnsystem nachts als Schutzraum zu benützen, sollte erwogen werden". Dieser letzte Vorschlag war längst überholt; die in der U-Bahn auftretenden Probleme glichen inzwischen denen anderer „selbstgewählter" Schutzräume: die Schutzsuchenden litten unter der Überfüllung und den unzumutbaren hygienischen Verhältnissen.

Alte, Behinderte, Pflegebedürftige und so viele Kinder wie möglich sollten aus London evakuiert werden. Anfang November waren 4000 Alte und Kranke aus Londoner Schutzräumen in Landkrankenhäuser gebracht worden, und weitere Transporte wurden vorbereitet. Zehntausende von Kindern wurden – teils mit ihren Müttern – aufs Land verschickt.

Die vier Schlußempfehlungen, die eher positiv waren, wurden ebenfalls in die Tat umgesetzt. Schutzraumleiter wurden ernannt. Die zuständigen Stellen wurden aufgefordert, Toiletten einrichten zu lassen. Beauftragte der Gesundheitsbehörden sollten die Schutzräume regelmäßig inspizieren; außerdem sollten Erste-Hilfe-Stationen eingerichtet werden.

Das Problem der Belüftung und Heizung von Schutzräumen wurde ebenfalls behandelt, und um die Infektionsgefahr zu verringern, wurden die Räume regelmäßig mit Natriumhypochlorid in wäßriger Lösung, einem preiswerten Desinfektionsmittel, ausgesprüht, wie es der Horder-Ausschuß vorgeschlagen hatte.

Diese grundsätzlichen medizinischen Empfehlungen führten zu Ergebnissen, die alle beteiligten Ärzte verblüfften. Es kam zu keiner Grippeepidemie, keiner Diphterieepidemie und keiner wesentlichen Zunahme von Erkrankungen der Atemwege wie zum Beispiel der Tuberkulose.

Tatsächlich scheint der Gesundheitszustand der Schutzsuchenden sich in den langen Monaten, die sie in schlecht belüfteten, überfüllten Schutzräumen zubrachten, keineswegs verschlechtert zu haben. Tatsächlich gab die Einrichtung von Erste-Hilfe-Stationen, die jeweils mit einer Krankenschwester und oft auch mit einem Arzt besetzt waren, den Schutzsuchenden die Möglichkeit, Beschwerden und Krankheiten, die sonst in vielen Fällen unbehandelt geblieben wären, sofort behandeln zu lassen. Nach wenigen Woche waren auch die notwendigen sanitären Einrichtungen installiert.

Der Stimmungsfaktor in den Schutzräumen war in mancher Beziehung schwieriger, in anderer wiederum leichter in den Griff zu bekommen. Als erstes kam es darauf an, ein Mindestmaß an Komfort bereitzustellen. Heizung und Beleuchtung wurden verhältnismäßig rasch eingebaut. Aber als gegen Ende 1940 die Aufstellung von Maschendrahtkojen begann, stieß diese Neuerung auf überraschend großen Widerstand bei den Schutzsuchenden. Diese Kojen, eigentlich dreistöckige hölzerne Etagenbetten (das Holz wurde später durch Eisenrahmen ersetzt, weil es eine Brutstätte für Läuse war), deren Mittelteil hochgeklappt werden konnte, so daß Sitze entstanden, wenn die Betten nicht benützt wurden, nahmen ziemlich viel Platz weg. Ein mit diesen Kojen eingerichteter Schutzraum oder U-Bahnhof konnte nun weniger Schutzsuchende aufnehmen als früher. In übervollen Schutzräumen bedeutete das, daß ein Teil der Schutzsuchenden ausquartiert werden mußte. Für die Schlafplätze wurden nummerierte Karten ausgegeben. Das alles führte gelegentlich zu Auseinandersetzungen, die bis zu offenem Widerstand gingen.

In einigen Schutzräumen im Londoner East End weigerten die Schutzsuchenden, die sich daran gewöhnt hatten, auf dem Fußboden zu schlafen, sich kategorisch, die Kojen zu benützen.

Die Atmosphäre in den Schutzräumen unterschied sich natürlich stark von Bezirk zu Bezirk und selbst von Schutzraum zu Schutzraum. So erzählte eine Schutzraumleiterin aus Bethnal Green:

„Ich haben anfangs alles Mögliche versucht, um die Kinder in ihre Betten zu bekommen, weil die ihre Nachtruhe brauchten, aber das war sehr schwierig, weil die überall herumsitzenden redenden und lachenden Erwachsenengruppen die Kinder wachhielten. Deshalb kam ich auf die Idee, einmal in der Woche eine Penny-Verlosung zu veranstalten, zu der jeder der Anwesenden beitragen sollte, was sie auch bereitwillig taten. Und von diesen Pennies kaufte ich dann alle kleinen Süßigkeiten, die ich nur auftreiben konnte. Und ich sagte zu den Kleinen: ‚Los, wer zuerst ausgezogen und im Bett ist, kriegt einen guten Bonbon!‘ Und wie sie sich dann beeilt haben, um so schnell wie möglich in ihre Betten zu kommen und womöglich als erster einen Bonbon zu bekommen! Meistens gab es nur eine kleine Weichkaramelle oder ein Stück Lakritze oder dergleichen, aber die Kinder haben sich jedesmal darüber gefreut, sind in ihre Betten gekrochen, habe sich zugedeckt, haben ihren Bonbon gekriegt und sind eingeschlafen.“

Eine andere Schutzraumleiterin, eine kleine, zierliche Gestalt, berichtete ebenfalls aus Bethnal Green:

„In einen meiner Schutzräume wurde ohne unser Wissen ein Klavier gebracht, und das erste, was ich davon hörte, war natürlich, daß sie alle aus einem Pub gekommen waren und jetzt kräftig Rabatz machten. Dort wurde gesungen und getanzt, und ich bekam die Aufforderung: ‚Am besten kommst du selbst 'rüber, Kleine, du kennst die Leute und wirst mit ihnen fertig.'

Nun, eines möchte ich feststellen: Ich bin mit einigen dieser Leute aufgewachsen, und so rauhbeinig, wie sie waren, haben sie's mir nicht allzu schwer gemacht. Aber zwischendurch hat's gelegentlich auch miese Typen gegeben. Ich bin mit ihnen fertig geworden. Aber meine Schutzraumwarte haben sich nicht durchsetzen können. Das Klavier ist einmal abtransportiert und prompt wieder hereingebracht worden. Zuletzt war's damit so schlimm, daß wir veranlassen mußten, daß das Rathaus dagegen einschritt. Die Leute wollten nämlich ihre Nachtruhe, und bis zu einer gewissen Zeit durfte gelacht und gesungen werden, als ob man bei sich zu Hause wäre, aber wenn das bis in die frühen Morgenstunden weiterging, mußte der Sache ein Riegel vorgeschoben werden, damit die anderen Leute schlafen konnten ... Nach einer schlimmen Nacht im Luftschutzraum hatte man nämlich das Gefühl, am nächsten Tag nicht arbeiten zu können. Oh, ich könnte Ihnen von lustigen Abenden erzählen, manchmal mit Mundharmonikas, ein andermal mit dem Klavier ..."

Aus einem dritten Luftschutzraum in Bethnal Green berichtete der Schutzraumwart:

„Unsere einzige Unterhaltung waren die Gottesdienste, die ein Geistlicher dort abhielt, aber wir mußten sie dann einstellen, weil die Kinder mit Kartoffeln und Hot Dogs 'reinkamen, herumliefen, ihre Hausaufgaben mitbrachten und Hocker für den Schutzraum bauten, so daß der Gottesdienst ständig gestört wurde."

In diesem Luftschutzraum scheint es besonders häufig Streit gegeben zu haben. „Ja, wir hatten belgische Juden, russische Juden, alle Nationalitäten, und ich hatte die Aufgabe ... Na ja, ich hab' kein Wort von dem verstanden, was sie geredet haben. Und wenn es zu einer kleinen Auseinandersetzung kam, bin ich 'rumgegangen und habe jemand gesucht, der ihre Sprache beherrschte. Bis ich dann zu ihnen zurückkam, war irgendwo in der Nähe ein anderer kleiner Streit ausgebrochen, und ich konnte wieder von vorn anfangen."

Trotzdem wurden Stockwerksbetten aufgestellt und Berechtigungskarten ausgegeben – auf den U-Bahnhöfen nicht nur für die Betten, sondern auch für Schlafplätze auf den Bahnsteigen –, so daß bis Ende 1940 oder zumindest Anfang 1941 eine gewisse Ordnung hergestellt wurde. Die Londoner hatten oberirdische Schutzräume. Sie schliefen in ihren Anderson-Unterständen, oder sie hatten ein Bett, das ihnen praktisch gehörte, in einem unterirdischen Schutzraum. Und in dieser Untergrund-Halbwelt wurden allmählich einige der Annehmlichkeiten installiert, die eine Zivilisation auch in Kriegszeiten zu bieten hatte – mit Kantinen, ärztlicher Betreuung und sogar Kultur und Unterhaltung.

In Bermondsey ging eine Laienspielgruppe mit Tschechows *Der Bär* in Luftschutzräumen auf Tournee, während die „Stammgäste" des U-Bahnhofs Swiss Cottage eine eigene Zeitschrift mit dem Titel *The Swiss Cottager* herausgaben.

In einigen Stadtteilen organisierten die unermüdlichen und bewundernswürdigen WVS-Damen Nähkränzchen und Vorträge.

Südlich der Themse stellten Soldaten der 167. Pionierkompanie, die zur Trümmerbeseitigung eingesetzt war, bald ein Orchester zusammen, das 13 Wochen lang sechs Abende in der Woche in Schutzräumen gastierte. Und hier überschreiten wir die Grenze zwischen eigener Freizeitgestaltung, für die vielleicht Kartenspiele und die Mundharmonikas von Bethnal Green charakteristisch sind, und aufwendigeren Unterhaltungsformen, die von außen für die Schutzsuchenden organisiert wurden.

Leihbüchereien wurden eingerichtet, in denen allein für die Einwohner von West Ham 4000 Taschenbücher zur Verfügung standen. Nicht überall wurden Gottesdienste durch Hot Dogs essende Kinder gestört, und aus Bermondsey erfahren wir, daß sie von vielen geschätzt wurden, obwohl sorgfältig darauf geachtet wurde, die Ungläubigen nicht zu irritieren oder zu verärgern, denn in einer damaligen Anweisung hieß es: „Gottesdienste sind nach Möglichkeit in Räumen abzuhalten, die nur von denen aufgesucht zu werden brauchen, die an einem Gottesdienst teilzunehmen wünschen."

In den großen Luftschutzräumen wurden Filme gezeigt, und die Behörden nutzten die Gelegenheit, die ihnen dieses höchst beliebte Vergnügen bot, um in jedem Programm einen kurzen Film über Gesundheitsvorsorge zu zeigen. Im Januar 1941 veranstaltete der London County Council über 200 Kurse in den Schutzräumen, wobei die Themen von Zeitgeschichte bis zur Hobbyschneiderei reichten. Für die Jungen und Mädchen waren Gymnastikkurse vorgesehen. Zielscheiben für das englische Nationalspiel *Darts* wurden geliefert, und die Schutzräume traten gegeneinander zu Wettkämpfen an.

Der Rat für die Förderung von Musik und den Künsten (der Vorläufer des späteren Kunstrates) schickte Leute mit

Grammophonen und Klassikplatten in die Luftschutzräume. Wie wir hören, hatte der Mann am Grammophon die Aufgabe, „die Bedeutung des Musikstücks und die Umstände seiner Entstehung zu erklären“.

Diese Verbesserung der Zustände auf U-Bahnhöfen und in großen öffentlichen Schutzräumen bedeutete an sich einen Wechsel der Regierungspolitik, der durch die Art der Luftangriffe erzwungen wurde. Im Oktober 1940 wurde London allnächtlich angegriffen. Nur in zwei Nächten bombardierten weniger als 60 Maschinen die englische Hauptstadt; diese Angriffe dauerten im allgemeinen von der Abend- bis zur Morgendämmerung.

Diese Umstände unterschieden sich erheblich von den vor dem Krieg ins Auge gefaßten, als die Luftschutzrichtlinien in der Erwartung kurzer, schwerer Angriffe mit vielen Tausenden von Opfern festgelegt worden waren. Statt dessen wurde London jetzt stetig, Nacht für Nacht, in Trümmer gelegt, wobei die Verluste viel niedriger lagen, als man ursprünglich erwartet hatte. (Im Oktober wurden fast 5000 Tonnen Sprengbomben auf London abgeworfen und verursachten etwa einen Toten pro Tonne, während nur 6343 Verletzte in Krankenhäuser eingeliefert werden mußten. Hält man sich gleichzeitig vor Augen, daß in Londoner Krankenhäusern nie weniger als 120 000 Betten für Bombenopfer zur Verfügung standen, wird wieder klar, wie gewaltig die Angst der Realität vorausgeeilt war.)

Andererseits war kein Grund dafür zu erkennen, warum diese stetige Zertrümmerung Londons nicht monate- und vielleicht jahrelang weitergehen sollte. Sir Winston Churchill hat geschrieben: „Wir waren damals (Oktober) der Ansicht, daß London mit Ausnahme seiner stabilen modernen Gebäude allmählich und bald in einen Trümmerhaufen verwandelt werden würde.“

RAF und englische Flakartillerie schossen noch immer fast keine feindlichen Nachtbomber ab, und obwohl große – und gerechtfertigte – Hoffnungen auf die Radargeräte gesetzt wurden, mit denen Nachtjäger und Flak ausgerüstet werden sollten, war es natürlich denkbar, daß die Deutschen eine Möglichkeit finden würden, diese Abwehrwaffe außer Gefecht zu setzen.

Tatsächlich rechnete man auf englischer Seite damit, daß die Angriffe schlimmer werden würden. Bei Beginn der Luftangriffe hatten die Deutschen nur wenige schwere Bomben gehabt. Im Jahre 1940 wogen 99 Prozent der abgeworfenen Bomben 250 Kilogramm oder weniger; die deutschen Standardbomben wogen 50 und 250 Kilogramm. Gegen Bomben dieser Größe sollten die im Rahmen des englischen Schutzraumprogramms vor dem Krieg erbauten Luftschutzräume sicheren Schutz bieten. Aber schwerere Bomben waren bereits in Sicht.

Die RAF befaßte sich mit der Entwicklung schwererer Bomben und vermutete völlig zutreffend, daß die Deutschen das gleiche taten. Die deutsche Luftwaffe warf gelegentlich einige 1000-kg-Bomben ab, verwendete in seltenen Ausnahmefällen auch 2500-kg-Bomben und benützte ziemlich häufig an Fallschirmen abgeworfene Minen als Bombenersatz. Im allgemeinen verursacht eine 1000-kg-Bombe weit größere Schäden als vier 250-kg-Bomben, und eine 2500-kg-Bombe ist viel mehr wert als 50 Bomben zu 50 Kilogramm – unter der Voraussetzung, daß das technische Problem, die gesamte Sprengladung gleichzeitig detonieren zu lassen, gelöst wird. Darüber waren sich die Deutschen offenbar im klaren, denn einer der Gründe dafür, daß sie teure 500- oder 1000-kg-Seeminen gegen Landziele einsetzten, war der Mangel an schweren Bomben (da die Minen beim Aufschlag detonierten, ohne in die Erde einzudringen, war ihr Wirkungsbereich sehr groß; andererseits waren etwa 20 Prozent der abgeworfenen 4000 Minen Blindgänger, weil ihre Zünder schlecht für die Verwendung gegen Landziele geeignet waren). Tatsächlich wies alles auf eine für unbegrenzt lange Zeit fortgesetzte Bombardierung Londons hin – aber mit schwereren Bomben als bisher. Sir Winston Churchill hat dazu festgestellt: „Wären die Bomben von 1943 gegen das London von 1940 eingesetzt worden, wären Bedingungen eingetreten, die unter Umständen alle menschliche Organisation pulverisiert hätten."

Abgesehen von den tiefen U-Bahnhöfen gab es damals natürlich keine Schutzräume, die den zu erwartenden schwereren Bomben hätten widerstehen können. Im Oktober 1940 kam es deshalb zu einem völligen Kurswechsel in der bisherigen Schutzraumpolitik. Die Verantwortlichen beschlossen, sofort mit dem Bau von acht tiefen Schutzräumen zu beginnen, die wie die Speichen von acht Rädern von geeigneten U-Bahnhöfen ausgehen und 64 000 Schutzsuchenden Platz bieten sollten. Gemeinsam mit den schon existierenden tiefen U-Bahnhöfen würden sie mehr Menschen aufnehmen können, als zum damaligen Zeitpunkt in großen öffentlichen Schutzräumen schliefen. Dieser Ausbau wurde mit großem finanziellen Aufwand begonnen, aber keiner der vorgesehenen tiefen Schutzräume war fertig, als die intensiven deutschen Luftangriffe aufhörten. Im weiteren Verlauf des Krieges wurden einige von ihnen als Schutzräume oder Gefechtsstände und Truppenunterkünfte benützt.

Unterdessen konnte wenig getan werden, um die existierenden Schutzräume sicherer zu machen, obwohl dies versucht wurde, wo es möglich erschien. Ansonsten waren endlose Reparaturen erforderlich – in erster Linie an öffentlichen Versorgungseinrichtungen, aber natürlich auch an Gebäuden. In jeder Nacht wurden Gasleitungen unterbrochen, Wasserleitungen zerstört, Eisenbahnstrecken demoliert und Straßen aufgerissen. Jeden Morgen wurden die dringendsten Reparaturen vorgenommen.

In Poplar überstieg die Zahl der beschädigten Häuser am Jahresende die Gesamtzahl der vorhandenen Gebäude, weil viele Häuser mehr als einmal getroffen worden waren. Im übrigen war Poplar keineswegs der einzige Stadtbezirk, in dem dies der Fall war. Im Oktober wurde der Hauptabwasserkanal zerstört, so daß ungeklärte Abwässer in die Themse liefen, die „zuerst nach Fäkalien und später nach der Flut der von uns hineingekippten Chemikalien“ stank, wie Sir Winston Churchill berichtete. Das komplizierte Gewirr aus Kabeln und Leitungen stellte die Gas-, Wasser- und Stromreparaturmannschaften vor ständig neue Probleme. Eine beschädigte Hauptwasserleitung in der Bruton Street bestand aus eigenartig geformten Holzröhren, die vor vielen Jahrzehnten verlegt worden sein mußten. Ein Tischler mußte Ersatzstücke herstellen. Friedhöfe wurde getroffen und die Toten vergangener Jahrhunderte auf die mit Kratern übersäten Straßen geschleudert.

Das war London im Oktober 1940, als kein Grund dafür zu erkennen war, daß die Luftangriffe nicht noch jahrelang weitergehen würden.

Seltsame Dinge vom Himmel

In einem Tagesbefehl an seine Flugzeugbesatzungen stellte Göring am 18. Oktober 1940 als Oberbefehlshaber der Luftwaffe fest, durch ihre unermüdlichen, tapferen Angriffe auf den Mittelpunkt des Britischen Weltreichs, die Stadt London mit ihren achteinhalb Millionen Einwohnern, sei die englische Plutokratie in Angst und Schrecken versetzt worden. Und im folgenden Monat warfen seine Besatzungen pflichtbewußt weiterhin den größten Teil ihrer Bomben auf die Hauptstadt der Plutokraten. Die erste angriffsfreie Nacht, die London seit dem 7. September erlebte, war die Nacht zum 4. November, aber die Bomber kamen schon in der nächsten Nacht zurück, und in den folgenden zehn Nächten fanden erneut schwere Luftangriffe statt. Am 14. November war Coventry das Ziel, aber am 15., 16. und 17. November galten die Angriffe wieder London. Und dann änderte sich die deutsche Strategie.

Wie das Zielgebiet Ende September vom Londoner East End auf ganz London ausgedehnt worden war, wurde es Ende November erneut vergrößert und umfaßte nun außer London fast alle wichtigen Industriestädte Großbritanniens. Ab Mitte November bis Ende Januar war die deutsche Luftwaffe in fast allen Nächten, in denen überhaupt Einsätze geflogen werden konnten, mit zahlreichen Maschinen über England, aber von 28 Angriffen mit über 100 Flugzeugen, die zwischen dem 18. November 1940 und dem

19. Januar 1941 geflogen wurden, galten nur sechs London; zwei der insgesamt elf leichten Angriffe hatten London als Ziel – in beiden Fällen handelte es sich allerdings um Ablenkungsangriffe, während die Masse der deutschen Bomber kleinere Städte angriff.

Dann folgte eine Pause vom 19. Januar bis zum 8. März. In diesem Zeitraum waren lediglich fünf verhältnismäßig leichte Angriffe zu verzeichnen: am 29. Januar einer auf London, im Februar zwei auf Swansea und Anfang März zwei auf Cardiff.

Die schweren Angriffe wurden am 8. März fortgesetzt, als 120 Bomber über London waren, und hielten fast ohne Unterbrechung bis Mitte Mai an, aber auch jetzt war London wieder nur eines von vielen Zielen. Die Stadt erlebte im März zwei schwere und einen sehr schweren Angriff; im April waren es zwei sehr schwere Angriffe, die bei den Londonern als „der Mittwoch" und „der Samstag" bekannt wurden und von Hitler ausdrücklich als Vergeltungsangriffe für die Bombardierung Berlins befohlen worden waren; im Mai war London das Ziel eines sehr schweren Angriffs.

Der Grund für diesen Zielwechsel ist leicht zu erkennen. Obwohl die Plutokraten von West Ham, Baldham und Battersea von den Bomben der Nationalsozialisten gewaltig mitgenommen worden waren, wobei ihre Zylinder eingedrückt und ihre Cuts schrecklich beschmutzt worden waren, hatten sie offenbar – jedenfalls aus deutscher Sicht – keineswegs den Wunsch, vor den Angreifern zu kapitulieren. Der Versuch, die Engländer dadurch kapitulationsbereit zu machen, daß man die massiert im Umkreis von 25 Kilometern um Charing Cross lebende und arbeitende Zivilbevölkerung bombardierte, war offentsichtlich fehlgeschlagen.

Deshalb versuchten die Deutschen es jetzt mit ihrem dritten Plan zur Eroberung Großbritanniens: „Ziel der weiteren Kriegführung gegen das englische Mutterland muß es daher sein, alle Mittel des See- und Luftkrieges in der Bekämpfung der feindlichen Zufuhr zusammenzufassen, sowie die englische Luftrüstungsindustrie niederzuhalten und ihr womöglich noch stärkeren Abbruch zu tun" (Hitlers Weisung Nr. 23: Richtlinien für die Kriegführung gegen die englische Wehrwirtschaft).

Diese neue Politik war schon am 14. November mit dem sehr schweren Vernichtungsangriff auf Coventry, einer Stadt mit zahlreichen Luftrüstungs- und sonstigen wichtigen Industriebetrieben, eingeleitet worden. Mit Ausnahme der von Hitler im April befohlenen Vergeltungsangriffe galten die deutschen Luftangriffe jetzt weniger der Millionenstadt London als dem Industriezentrum London (obwohl dieser feine Unterschied wohl den meisten entging, deren Angehörige bei diesen späteren Luftangriffen getötet wurden oder deren Häuser danach in Trümmern lagen).

Falls es im deutschen Oberkommando schon frühzeitig Zweifel an der Wirkung dieser Angriffe auf die Stimmung der Londoner gab und falls sie zu gewissen Schwankungen und vielleicht einem frühzeitigen Wechsel der Strategie führten, wirkten sie sich jedenfalls nicht auf die Taktik der deutschen Luftangriffe aus, die mit höchster Intensität und maximaler Stärke fortgesetzt wurden. Ein deutscher Generalstabsoffizier hat festgestellt, London sei auch nach Mitte November, als schwere Angriffe gegen Hafen- und Industriestädte geflogen wurden, das Hauptziel geblieben.

Wäre die englische Abwehr stärker gewesen, hätten die Deutschen versuchen müssen, sie dadurch niederzukämpfen, daß sie sämtliche Bomber gleichzeitig ein einziges Ziel angreifen ließen. Tatsächlich war eine Konzentration anfangs nicht notwendig – und wurde auch später nicht sonderlich dringend, obwohl die englische Flak erfolgreicher wurde (die Zahl der für den Abschuß einer feindlichen Maschine notwendigen Granaten, die im September 30 000 betragen hatte, sank auf 11 000 im Oktober, etwa 7000 im November und Dezember und 4000 im Januar, weil inzwischen viele Batterien mit Feuerleitradar ausgerüstet waren). Trotzdem blieben die Erfolge mäßig: 22 Abschüsse im Oktober, 21 im November und nur 14 im Dezember.

Eine ehemaliger deutscher Bomberpilot hat gesagt, der Anblick der Londoner Flaksperre mit ihren in verschiedenen Höhen liegenden Sprengpunkten habe gelegentlich unerfahrene Besatzungen beunruhigt, aber er hat hinzugefügt, da so wenige Maschinen abgeschossen worden seien, habe man sich bald an dieses Feuerwerk gewöhnt. Die Nachtjäger erzielten ihre ersten größeren Erfolge erst im März 1941. Das bedeutete, daß die Deutschen London im Jahre 1940 nachts beinahe nach Belieben bombardieren konnten.

Die Bomberverbände flogen London auf unterschiedlichen Kursen und in verschiedenen Höhen an – meistens zwischen 2700 Meter (wo sie von der leichten und mittleren englischen Flak nicht mehr erreicht werden konnten) und 3700 Meter. Gelegentlich befanden sich gleichzeitig bis zu drei solcher „Schichten“ von deutschen Bombern über London, aber normalerweise bestand die Angriffstaktik des Gegners darin, zeitlich gestaffelt anzugreifen. Um die Zivilbevölkerung unter möglichst starken Druck zu setzen, wurde die Dauer der Angriffe bewußt ausgedehnt, so daß Luftangriffe von zehn, zwölf oder gar 14 Stunden nicht ungewöhnlich waren. Bei massiveren Angriffen flogen die Bomberbesatzungen in einer Nacht zwei Einsätze über London, und während der beiden großen Vergeltungsangriffe im April 1941 flogen manche Besatzungen sogar drei – ein regelrechter Pendelverkehr zwischen ihren Stützpunkten jenseits des Ärmelkanals und dem Zielgebiet.

In mondhellen Nächten wurde versucht, bestimmte Ziele in London anzugreifen. Anfangs erhielten die Verbände – Gruppen oder Geschwader – Einzelziele zugewiesen. In mondlosen Nächten wurde das gesamte Stadtgebiet bombardiert, obwohl die deutsche Luftwaffe auch dann versuchte, das Zielgebiet markieren zu lassen, indem sie eine Zielfindergruppe vorausschickte: das berühmte Kampfgeschwader 100. Dieser Verband, der ursprünglich nur eine Gruppe gewesen und später zu einem Geschwader ausgebaut worden war, verfügte über verschiedene elektronische Navigationsgeräte, mit deren Hilfe sie über Funk ins Ziel geführt werden konnte. Die beiden bekanntesten Methoden waren das X-Verfahren und das Y-Verfahren. Ersteres bestand im Prinzip aus einem Leitstrahl, dem der Bomber folgte, und einem weiteren Funkstrahl, der sich mit dem ersten über dem Ziel kreuzte. An diesem Kreuzungspunkt drückte der Bombenschütze einfach auf den Auslöseknopf für die Bomben, während andere Maschinen sogar mit einem automatischen Abwurfgerät ausgerüstet waren, das auf dieses Signal ansprach. Das Y-Verfahren arbeitete mit einem über das Ziel gelegten Leitstrahl; das Flugzeug wurde kurz vor dem Zielgebiet durch Peilung und Entfernungsmessung auf den Leitstrahl gesetzt und erhielt dann von der Bodenstelle das Abwurfzeichen.

Zwischen englischen und deutschen Wissenschaftlern entwickelte sich ein erbitterter elektronischer Geheimkrieg. Die Engländer sendeten falsche Funkstrahlen, um die nach dem X-Verfahren einfliegenden deutschen Maschinen vom Kurs abzubringen. Sie brachten es sogar fertig, den Y-Funkstrahl zu „beugen“. Einige englische Nachtjäger waren mit Empfängern für den Leitstrahl ausgerüstet, weil man hoffte, sie würden damit in Position gelangen können, um die einfliegenden deutschen Bomber abzufangen. Diese Bemühungen waren jedoch vergebens, was London betraf: Die Stadt bot ein so riesiges Ziel, das zudem ganz in der Nähe der deutschen Stützpunkte lag, so daß Navigationshilfen eher ein Luxus als eine Notwendigkeit waren.

Trotzdem wurden die Leitstrahlen bei Angriffen auf London verwendet. Sie waren allerdings im allgemeinen nicht sehr genau. In der Nacht, in der die Londoner City brannte, am 29. Dezember 1940, waren als Zielfinder He 111 des KG 100 eingesetzt, die mit dem X-Verfahren geführt wurden. Die für diesen Angriff vorbereitete Karte zeigt, daß der Kreuzungspunkt der Funkstrahlen etwa über dem Piccadilly Circus hätte liegen sollen. Tatsächlich warf das KG 100 seine Leuchtbomben jedoch etwa drei Kilometer weiter östlich in der Nähe der St.-Pauls-Kathedrale ab.

Wie ein deutscher Stabsoffizier berichtet hat, setzte die Luftwaffe ihre Angriffe im Frühwinter fast ohne Rücksicht auf das Wetter fort und flog ihre Einsätze häufig unter Bedingungen, die früher als äußerst gefährlich oder sogar unmöglich gegolten hätten. Wenn die Ju 88 und He 111 nicht eingesetzt werden konnten, weil sie längere Startbahnen brauchten und mit höherer Geschwindigkeit landeten, flogen die veralteten Do 17 allein. Das führte dazu, daß die auf Witterungseinflüsse zurückgehenden deutschen Verluste (zum Beispiel durch Bruchlandungen, Vereisung oder Absprung der Besatzung bei schwerwiegenden Navigationsfehlern) die Verluste durch die englische Abwehr bei weitem überstiegen.

Die operative Stärke der deutschen Bomberverbände im Westen ging von etwa 860 Maschinen im 1. September 1940 auf 820 am 1. Oktober und etwas über 700 am 1. Dezember zurück. Und die Zahl der über dem jeweiligen Ziel eintreffenden Maschinen sank entsprechend. Bei den letzten zwölf Septemberangriffen waren es durchschnittlich 197; bei den letzten zwölf Oktoberangriffen war diese Zahl auf 134 zurückgegangen, und im November betrug der Durchschnitt bei den ersten zwölf Angriffen 128 Bomber.

Trotzdem machten die Deutschen noch einige Wochen lang weiter und schickten in die Luft, was sie nur konnten. Und indem sie von ihren Besatzungen teilweise zwei Einsätze pro Nacht verlangten, schafften sie es im Dezember noch, gelegentlich Großangriffe mit 300 oder gar 400 Maschinen zu fliegen. Aber dieses Tempo konnte nicht ins neue Jahr hinein durchgehalten werden. Ein entscheidender Faktor war die bei schlechtem Wetter rasche Verschlechterung der Bomberflugplätze in Frankreich und den Niederlanden, weil nur wenige von ihnen betonierte Rollwege und Start- und Landebahnen besaßen. Im Januar 1941 betrug die Zahl der im Durchschnitt über dem Ziel eintreffenden deutschen Bomber nur noch 120, und von Ende Januar bis Anfang März wurden die Angriffe gegen England praktisch eingestellt.

Zu dieser langen Angriffspause trug vor allem auch eine Änderung der deutschen Strategie auf höchster Ebene bei. Im Dezember 1940 fiel die Entscheidung, im Frühsommer des kommenden Jahres Rußland anzugreifen. Hitler konnte sich nicht leisten, seine Bombengeschwader durch Unfälle dezimieren zu lassen. Und die Angriffspause gab der Luftwaffe die Möglichkeit, ihre Bomberverbände aufzufüllen und wieder auf ihre ursprüngliche Stärke zu bringen. Als die Luftangriffe im März 1941 wieder aufgenommen wurden, waren die deutschen Kampffliegerverbände im Westen – trotz Abgaben nach Nordafrika und für den Kriegsschauplatz auf dem Balkan – zahlenmäßig ebenso stark wie im September 1940. Außerdem hatten sie teilweise neue Bomber oder verbesserte Ausführungen alter Maschinen und schwerere Bomben erhalten.

Die deutschen Luftangriffe auf London wären 1940 weit schlimmer und verlustreicher gewesen, wenn die Angreifer nicht hauptsächlich verhältnismäßig leichte Bomben hätten verwenden müssen. Die Deutschen waren sich darüber im klaren und versuchten, diesen Nachteil dadurch auszugleichen, daß sie Seeminen an Fallschirmen auf Landziele abwarfen.

Die Magnetminen waren Hitlers erste „Geheimwaffe" dieses Krieges gewesen und hatten im Winter 1939/40 zu hohen alliierten Schiffsverlusten geführt. Durch das „Entgaußen" (Entmagnetisieren) von Schiffen und andere Methoden war diese Gefahr bis zum Sommer 1940 weitgehend gebannt worden, obwohl die Minen gefährlich blieben. Anfangs waren sie von Überwasserschiffen in britischen Küstengewässern gelegt worden, aber im November 1939 begannen Seeflugzeuge damit, sie an Fallschirmen abzuwerfen. Später wurden dafür auch Landflugzeuge eingesetzt: die He 111 des Kampfgeschwaders 4 konnten zwei Magnetminen schleppen, die zu beiden Seiten des Rumpfes unter den Tragflächen hingen. Als die deutschen Luftangriffe auf England begannen, waren diese Magnetminen als Waffen im Seekrieg bereits veraltet, und da den Deutschen eine große Sprengbombe fehlte, setzten sie sofort Minen gegen Landziele ein.

Schon am ersten Angriffstag warfen das KG 4 und andere Bomberverbände an Fallschirmen hängende Minen über dem Hafengebiet ab. Wie einer der Piloten dieses Geschwaders berichtete, wurden er und seine Kameraden im allgemeinen von ihrem gewohnten Minenlegedienst abgezogen, wenn ein Großangriff auf London bevorstand, und als gewöhnlicher Bomberverband mit Bomben oder Minen eingesetzt. Anfangs wurden die Minen mit Seezündern abgeworfen, die später jedoch ausgebaut wurden. Dieser Einsatz von Minen gegen Landziele war der deutschen Kriegsmarine verständlicherweise keineswegs recht.

Am 20. September teilte Raeder Hitler mit, gegenwärtig würden zahlreiche Luftminen auf London abgeworfen. An ihrer Wirksamkeit bestehe kein Zweifel, aber jetzt sei der Zeitpunkt für einen großangelegten Mineneinsatz gekommen, weil nun ein neuer Zündertyp in ausreichender Menge zur Verfügung stehe. Damit meinte Raeder den akustischen Zünder. Die Luftwaffe, die Minen als Bomben verwenden wollte, widersprach natürlich, und Hitler genehmigte am 14. Oktober einen Kompromiß, durch den die Luftwaffe das Recht erhielt, „Minen alter Art" in mondhellen Nächten über London abzuwerfen, weil diese teuren Objekte dann – zumindest theoretisch – gegen entsprechend wertvolle Ziele eingesetzt werden konnten. Und solange die deutschen Angriffe andauerten, kamen diese großen Zylinder, die jeweils bis zu eineinhalb Tonnen wogen, lautlos pendelnd an ihren Fallschirmen auf die Straßen und Häuser der britischen Hauptstadt herabgeschwebt.

Während Hitler ihren Abwurf in mondhellen Nächten befahl, um wenigstens eine Art Zielgenauigkeit zu erreichen, wollte es ein merkwürdiger Zufall, daß Churchill vier Wochen zuvor, am 19. September, in einem Memorandum für die Generalstabschefs geschrieben hatte: „Der Abwurf großer Minen an Fallschirmen beweist, daß der Gegner nicht einmal mehr den Versuch macht, den Anschein zu erwekken, er habe es auf militärische Ziele abgesehen. In 1500 Meter Höhe kann er nicht die geringste Vorstellung davon haben, was er treffen wird. Das beweist deshalb seine Terrorabsichten gegen die Zivilbevölkerung."

Daß diese Minen, die allgemein und unzutreffend als „Landminen" bezeichnet wurden, großes Entsetzen hervorriefen, steht außer Zweifel. Das war in erster Linie auf die Gewalt ihrer Detonation zurückzuführen, die nicht dadurch gedämpft wurde, daß die Mine sich (wie gleichgroße Bomben es getan hätten) teilweise in den Boden eingrub; ein weiterer Grund war die unheimliche Stille, mit der diese todbringenden Ungetüme vom Himmel herabschwebten. Eine Mine, die am 28. September lautlos auf dem Gelände des Freizeitparks Park Hill in Croydon niederging, zertrümmerte bei ihrer Detonation beispielsweise alle Fenster in der High Street, zu der man zu Fuß gute zehn Minuten unterwegs ist.

Und hier ist die Schilderung der Detonation einer weiteren deutschen Mine, die auf dem Langham Place außerhalb des BBC-Gebäudes niedering und unter anderem das alte Hotel Langham zerstörte. Es handelt sich um die Wiedergabe einer von der BBC während des Krieges gemachten Tonaufnahme. Der Erzähler dürfte zu den sehr wenigen Menschen gehört haben, die eine Minenexplosion aus solcher Nähe überlebt haben:

„Am Abend des 8. Dezembers 1941 verließ ich das BBC-Gebäude kurz nach 22.45 Uhr und ging in Begleitung eines Kollegen, Mr. Sibbick, zum Fahrradschupppen in den Chapel Mews. Der gewohnte nächtliche Luftangriff war im Gange, und als wir den Fahrradschuppen verließen, konnten wir in der Ferne Flugzeuge und Flakfeuer hören. Wir fuhren eben von den Mews auf die Hallam Street hinaus, als ich ein Pfeifen und Kreischen hörte, als falle irgendwo eine große Bombe. Dieses Geräusch hielt etwa drei Sekunden lang an und hörte dann abrupt auf – sozusagen mitten in der Luft. Es gab weder einen Aufprall noch eine Explosion oder Vibrationen. Daran erinnere ich mich besonders gut, weil ich dieses Geräusch schon einmal gehört hatte und neugierig war, wodurch es hervorgerufen wurde und weshalb es so plötzlich aufhörte. Dann ratterte irgend etwas übers Dach eines Gebäudes beim Broadcasting House. Ich hob den Kopf, weil ich dachte, es könnten Brandbomben sein, aber das war nicht der Fall. Wir gingen langsam zum Eingang des BBC-Gebäudes zurück, und ich schätze, daß wir für diesen Weg etwa dreieinhalb Minuten brauchten. Mein Kollege ging hinein, gab den Schlüssel zum Radschuppen zurück und radelte in Richtung Oxford Circus davon. Ich blieb am Eingang stehen, sprach mit zwei Polizeibeamten und erkundigte mich nach möglichen Straßensperrungen auf meinem Heimweg. Die beiden hießen Vaughan und Clarke. In einiger Entfernung vom Eingang des BBC-Gebäudes parkte eine Limousine, und ich konnte links des Wagens den Laternenpfahl in der Straßenmitte vor dem Hotel

Langham sehen. Die beiden Polizeibeamten standen mit dem Rücken zur Straße und konnten deshalb nicht beobachten, was sich nun ereignete. Während wir uns unterhielten, sah ich, daß sich ein großes, dunkles, glänzendes Objekt dem Laternenpfahl näherte und dann wieder zurückwich. Ich hielt es für ein einparkendes Taxi. Es machte kein Geräusch. Die Nacht war klar; am Himmel standen nur einige kleine Wolken. Aus Westen kam Mondschein, aber der Portland Place lag zum größten Teil im Schatten. Wir trugen alle drei unsere Stahlhelme; mein Kinnriemen führte um den Hinterkopf, weil mir kurz nach der Helmausgabe geraten worden war, ihn so zu tragen.

Einige Sekunden später sah ich etwas, das an eine sehr große beige und khakifarbene Abdeckplane erinnerte, an der gleichen Stelle niederfallen; der höchste Teil war ungefähr drei bis dreieinhalb Meter über der Straße, als ich darauf aufmerksam wurde, und schien sieben bis acht Meter Durchmesser zu haben. Es fiel etwa mit der Geschwindigkeit eines ausgebreiteten Taschentuchs und verursachte dabei kein Geräusch. Damals wurden Ausbesserungsarbeiten am Broadcasting House vorgenommen, und ich vermutete verständlicherweise, dies sei eine Abdeckplane, die sich losgerissen habe und von dem Gebäude auf die Straße gefallen sei. Sonstige Anzeichen für eine unmittelbar bevorstehende Gefahr gab es nicht. Ich machte die Polizeibeamten darauf aufmerksam. Sie drehten sich um, konnten aber nichts erkennen. Es war zusammengesunken und wurde von unserem Standort aus teilweise durch den Wagen verdeckt; außerdem lag die Fahrbahn an dieser Stelle im Schatten. Die beiden erklärten mir, sie könnten nichts erkennen. Dann folgten einige Scherzworte, aber ich bestand darauf, etwas

Folgen der Bombardierung in der Oxford Street

Beobachtungsposten registrieren jede Bewegung im Luftraum über England

Im Oktober 1940 verwüstet: Bahnhof St. Pancras

Die Fallschirm-Minen werden für eine neue Geheimwaffe gehalten, sind aber simple Seeminen

Eine Dornier ist in die Victoria Station gestürzt

Die zerstörte Kathedrale von Coventry

auf die Straße fallen gesehen zu haben. Daraufhin wollten die beiden hingehen und nachsehen. Ein dritter Polizeibeamter, Mortimer, war inzwischen herangekommen – er war eben dabei, eine Dame über die Straße zu bringen. Aber als er hörte, daß ich irgend etwas gesehen hatte, erklärte er mir, er werde sie im Gebäude warten lassen, bis festgestellt sei, worum es sich handele. Vaughan ging voraus, während Clarke am Randstein stehenblieb, um mich zu fragen, wo das Objekt genau niedergegangen sei. Ich ging auf ihn zu und rief, ich wolle es ihm zeigen. Seitdem ich das dunkle Objekt gesehen hatte, war etwa eine Minute vergangen. Ich ging auf die Abdeckplane zu und hatte einen Punkt links von Clarke – etwa zwei Meter vom Randstein und acht bis zehn Meter von dem ‚Ding' entfernt – erreicht, als Vaughan sehr schnell auf mich zugerannt kam. Er rief etwas, das ich nicht verstand. Im gleichen Augenblick hörte ich ein sehr lautes Zischen, als ob ein Flugzeug sich mit abgestelltem Motor im Sturzflug befinde – oder wie eine riesige Zündschnur. Es dauerte etwa drei bis vier Sekunden; es kam nicht von dem mir zugekehrten Ende des ‚Dinges', kann aber vom anderen Ende gekommen sein.

Vaughan rannte links an mir vorbei, und Clarke, der seinen Warnruf offenbar verstanden hatte, lief ebenfalls auf das Gebäude zu. Da mir klar war, daß ich erst hätte kehrtmachen müssen, bevor ich losrennen konnte, ging ich instinktiv in die Hocke. Selbst in diesem Augenblick dachte ich noch nicht an eine auf der Straße drohende Gefahr, sondern stellte mir vor, sie müsse von oben, aus Richtung Portland Place, kommen. Ich hob deshalb den Kopf, und bevor ich mich als nächstes flach hinwerfen konnte, explodierte das Ding auf der Straße. Als ich den Kopf einzog, sah ich einen Augenblick lang eine große, blendend weiße, flirrende Lichtkugel und zwei konzentrische Farbkreise, der innere lavendelfarben und der äußere violett. Die Kugel schien drei bis fünf Meter hoch zu sein und befand sich neben dem Laternenpfahl. Mehrere Dinge passierten gleichzeitig. Durch einen schweren Schlag auf Wölbung und hinteren Rand meines Stahlhelms wurde mein Kopf zurückgeworfen, aber daran erinnere ich mich nicht, denn während er sich zurückbewegte, erhielt ich einen heftigen Schlag auf Stirn und Nasenwurzel. Der Detonationsdruck bog den vorderen Rand meines Stahlhelms auf und schlug mir den Helm vom Kopf. Die Explosion machte einen unbeschreiblichen Lärm – ein Geräusch wie ein kolossales Knurren – und wurde von einem regelrechten Wirbelwind begleitet. Ich fühlte unerträgliche Schmerzen in den Ohren, und alle Geräusche wurden durch ein sehr lautes helles Summen ersetzt, als ich, wie ich später erfuhr, das Gehör verlor, weil meine Trommelfelle geplatzt waren. Ich spürte, daß ich dabei war, bewußtlos zu werden, aber in diesem Augenblick hörte ich eine klare, laute Stimme rufen: ‚Laß dich nicht gehen, reiß dich zusammen – halt dich fest!‘ Das gab mir neuen Mut, und indem ich alle Willenskraft und Energie zusammennahm, gelang es mir, mich nach vorn auf die Knie fallen zu lassen, so daß meine Füße sich am Randstein hinter mir abstützten und meine Hände mein Gesicht bedeckten.

Ich weiß noch, daß es mir schwerfiel, mir die Ohren zuzuhalten, weil meine Hände sehr wehtaten, was zweifellos auf den Druckstoß zurückzuführen war. Dadurch schienen die Schmerzen etwas abzuklingen. Dann erhielt ich einen weiteren Schlag gegen die Stirn und fühlte mich schwächer. Die Explosion schien in aufeinanderfolgenden Wellen, bei denen der Boden erzitterte, über mich hereinzubrechen. Ich hatte das Gefühl, sie versuche, mich umzuwerfen und vom Randstein wegzudrücken. Dann erhielt ich einen sehr schweren Schlag dicht vor die rechte Schläfe, der mich flach auf die Seite in den Rinnstein warf. Auf unserer Erste-Hilfe-Station wurde später ‚ein Stück Bombe' aus dieser Wunde entfernt. Im Rinnstein hielt ich mich mit beiden Händen am Randstein fest und stemmte mich mit den Füßen dagegen. Der nächste Schlag traf meine rechte Brust, und ich merkte später, daß mein zweireihiger Mantel, meine Jacke, eine lederne Kammhülle und einige Papiere aufgeschlitzt worden waren; die Taschenuhr in der oberen rechten Westentasche war auf der Rückseite eingedrückt und innerlich demoliert.

Als ich eben das Gefühl hatte, nicht mehr lange durchhalten zu können, merkte ich, daß der Detonationsdruck nachließ und eine Wolke aus Staub, Schmutz und Trümmerschutt an mir vorbeifegte. Teile drangen in mein Gesicht ein, ich erlitt Hautabschürfungen, irgend etwas durchschlug meinen linken Daumennagel und meine Knöchel wurden aufgeschürft, was mich dazu veranlaßte, unwillkürlich den Randstein loszulassen. Obwohl der Detonationsdruck nachließ, wurde ich sofort langsam übers Pflaster auf die Hauswand zugetrieben. Ich wollte mich festhalten, aber es gab nichts, an das man sich hätte klammern können. Ich versuchte zweimal, auf die Beine zu kommen, aber irgend etwas schien mich zu Boden zu drücken. Schließlich richtete ich mich schwankend auf. Ich sah mich um und hatte den Eindruck, eine Szene aus Dantes *Inferno* zu sehen. Die Front des Gebäudes war von rötlich-gelbem Feuerschein erhellt; links von von mir brannte die Limousine, und die Flammen griffen waagerecht nach dem Gebäude, anstatt in die Höhe zu streben; Ziegelschutt, Mörtelbrocken und Glassplitter schienen – für mich lautlos – auf dem Pflaster aufzutauchen; einige zusammengekrümmte dunkle Gestalten lagen herum, und genau vor mir erkannte ich zwei Soldaten. Einer von ihnen, der nur etwa einen Meter von der Bresche des Gebäudes, in dem ein Brand zu wüten schien, entfernt war, hockte mit dem Rücken zur Mauer und ließ die Arme leblos wie eine Stoffpuppe hängen.

Der zweite war näher, ungefähr dreieinhalb Meter von dem brennenden Auto entfernt; er setzte sich mit angezogenen Knien auf und stützte sich mit beiden Händen ab – seine Hose war ihm vom Leib gerissen worden. Ich sah, daß er nackte Beine hatte und eine kurze graue Unterhose trug. Er lebte und war bei Bewußtsein.

Ich forderte ihn auf, sich an einer der Säulen am Eingang festzuhalten und wie der Teufel um Hilfe zu schreien, sobald er jemand kommen sah oder hörte. Dann ging ich zurück, um nach dem anderen Soldaten zu sehen. Er hockte noch immer in gleicher Haltung da, und ich fürchtete, daß er tot war. Ich sah mich um. Am Randstein vor dem Gebäude lag eine ausgestreckte dunkle Gestalt unbeweglich mit dem Gesicht nach unten – möglicherweise Vaughan. An der Mauer des Gebäudes schienen weitere zwei dunkle, zusammengekrümmte Gestalten zu liegen. Ich hatte nicht die Kraft, sie umzudrehen oder hochzuheben. Ich fragte mich, woher das Wasser komme, das auf mein Gesicht tropfte, und merkte bald, daß es Blut aus meinen Kopfverletzungen war. Ich sah nirgends eine Bewegung und hielt es für besser, mich nach meinem Stahlhelm und meiner Gasmaske umzusehen, die ich zum Zeitpunkt der Detonation umgehängt getragen hatte. Ich fand die Gasmaske bald wieder und hob einen Stahlhelm auf, der nicht mir gehörte.

Dann stieß mein zurückgekehrter Kollege zu mir, und ich ging mit ihm zum Eingang, wo ich für die draußen Liegenden um Hilfe rief und verlangte, jemand solle mit einem Feuerlöscher kommen und den brennenden Wagen löschen, weil ich fürchtete, der Feuerschein könnte weitere Bombenabwürfe herausfordern.

Ich ging zu unserer Erste-Hilfe-Station hinunter, wo ich behandelt wurde, und ruhte mich danach im Auditorium 1 aus, bis ich von Krankenträgern abgeholt und ins Middlesex Hospital eingeliefert wurde. Dort wurde ich so fürsorglich und freundlich wie überhaupt vorstellbar behandelt. Später hörte ich, daß ‚das Ding' eine Landmine gewesen war, deren Detonation neun Sekunden lang gedauert hatte.

Möglicherweise ist die Wirkung des Explosionsdrucks auf meine Kleidung von Interesse: Ich trug zu diesem Zeitpunkt Hosenklammern, die beim Radfahren meine Hosenbeine an den Aufschlägen zusammengehalten hätten. Nach der Detonation war mein zweireihiger Mantel hinten aufgeplatzt, wies mehrere Löcher auf und wurde noch vom Gürtel zusammengehalten. Meine Hose und die Unterhose wiesen zahlreiche zwei bis drei Zentimeter lange Schnitte auf, aber die Hosenklammern hatten offenbar verhindert, daß die Druckwelle in die Hosenbeine hineinfuhr und mir die Hose vom Leib riß. Ein verknoteter Wollschal, den ich um den Hals trug, bewahrte Hals und Brust zweifellos vor Splittern, wie sie aus meinem Gesicht entfernt wurden, das unbedeckt gewesen war."

Manche Fallschirmminen detonierten nicht und stellten dann eine offenkundigere und in vieler Beziehung bedrohlichere Gefahr dar als Bombenblindgänger, weil bekannt war, daß sie durch die Nähe von Eisen oder durch Erschütterungen hochgehen konnten.

Die Entschärfung von Bombenblindgängern war auch für Fachleute sehr gefährlich, und die Offiziere und Mannschaften der Royal Engineers (Pioniere), die diese unangenehme Aufgabe übernahmen, erhielten viele Tapferkeitsauszeichnungen. Die Entschärfung von Minenblindgängern war in vieler Hinsicht ebenso gefährlich, denn obwohl sie im allgemeinen nicht erst ausgegraben werden mußten, konnte niemand vorhersagen, was für neue Zünder und Fallen die Deutschen in diese Ungetüme eingebaut hatten. Dafür war im allgemeinen die Royal Navy zuständig, und Professor Peter Danckwerts, damals ein Marineoffizier, der für seine Tätigkeit als Minenentschärfer in London mit dem Georgskreuz ausgezeichnet wurde, hat seine Erlebnisse geschildert:

„Während der deutschen Luftangriffe im Jahre 1940 war ich als Bombenräumoffizier der Marine dem Londoner Hafen zugeteilt. Ich hatte die im Hafengebiet niedergehenden Bombenblindgänger zu entschärfen. Das war keine sonderlich interessante Aufgabe, denn die meisten Blindgänger fielen ins Wasser und verschwanden, so daß ich nicht viel zu tun hatte und etwas enttäuscht war. Eines Nachts hielt ich mich im Keller des Verwaltungsgebäudes der Port of London Authority auf, der während der deutschen Luftangriffe ein sehr sicherer, behaglicher Aufenthaltsort war. Draußen herrschte fürchterlicher Krach. Der Fußboden schien von Zeit zu Zeit zu schwanken. Dann klingelte das Telefon. Am Apparat war ein Luftschutzleiter aus einem der nördlichen Stadtbezirke Londons, der sagte, auf einer dortigen Geschäftsstraße sei ein Gegenstand niedergegangen, den der zuständige Bombenräumoffizier für eine Magnetmine halte. Er wußte nicht, ob er tatsächlich eine vor sich hatte, weil er noch keine gesehen hatte, aber er wollte wissen, ob sie wohl detonieren werde, wenn er sie auf einen Lastwagen lade und abtransportiere. Ich versicherte ihm, das sei sogar sehr wahrscheinlich, aber dann stellte sich heraus, daß er sie bereits abtransportiert hatte, ohne daß sie detoniert war – er hatte also Glück gehabt. Am nächsten Morgen fuhr ich mit einem Offizier der Admiralität – ich will ihn R. nennen –, der ein Minenspezialist war, hin, um dieses Ding zu besichtigen, und wir wollten uns gleichzeitig zwei weitere Minen ansehen, die ebenfalls in dieser Nacht abgeworfen worden waren. Die erste, die der Bombenräumoffizier abtransportiert hatte, lag mitten auf einer großen Rasenfläche und kam mir riesig vor. Sie war zweieinhalb Meter lang und hatte über einen halben Meter Durchmesser – dicker als ein Briefkasten in Säulenform und länger als ein großer Mann. Sie war dunkelgrün und hatte hinter sich einen riesigen Fallschirm ausgebreitet, der aber nicht aus Seide, sondern aus einer Art Bespannstoff angefertigt war. Sie wog eine Tonne, enthielt eine Dreivierteltonne Sprengstoff und steckte voll verschiedener Vorrichtungen, die in ihre Seite eingelassen waren. Dies war eine gewöhnliche Magnetmine, mit denen die Deutschen die englischen Küstengewässer und die Häfen und Flußmündungen Englands vermint hatten; aber als während der deutschen Luftangriffe viele davon abgeworfen wurden, wurde sie als Landmine bezeichnet, obwohl sie in Wirklichkeit eine ganz gewöhnliche Magnetmine war, die an Land detonierte, wenn sie über Land abgeworfen wurde.

Dieser Stabsoffizier R. führte uns vor, wie man mit dem Ding hätte umgehen müssen. Vor allem war in die Mine seitlich ein kleiner Zünder, der sogenannte Bombenzünder, eingelassen. Dieser Zünder sollte die Mine zur Detonation bringen, wenn sie statt ins Wasser auf Land fiel, und er schraubte ihn heraus. Dazu hatte er einige Spezialwerkzeuge. Das Gewinde klemmte, aber er schraubte den Zünder heraus und warf ihn zu Boden. Etwa zehn Sekunden später knallte es, und der Zünder detonierte. Er erklärte uns, das zeige, wie vorsichtig man mit diesen Dingern umgehen müsse – wenn man die Mine etwas herumrolle, ohne den Zünder ausgebaut zu haben, gehe sie leicht hoch. Wenn die Mine ins Wasser fiel, funktionierte der Bombenzünder nicht, weil die Mine versank und der Wasserdruck einen kleinen Stift hineindrückte, der den Zünder stillegte. Fiel die Mine dagegen auf festen Boden, begann der Zünder zu summen und summte 15 Sekunden lang – oder sollte zumindest 15 Sekunden lang summen, bevor er zündete, aber manche summten nur einige Sekunden lang und blieben dann stecken, und wenn man die Mine danach herumrollte, summte sie die restlichen Sekunden lang und ging dann hoch.

Wie R. sagte, kam es beim Entschärfen solcher Minen vor allem bei etwa notwendigen Lageveränderungen vor dem Zünderausbau darauf an, ständig genau hinzuhören und sofort loszurennen, falls man ein Summen hörte, weil man dann bis zu 15 Sekunden Zeit zur Flucht hatte.

Diese Mine enthielt noch eine Menge weiterer Vorrichtungen, deren Ausbau er uns zeigte. In einer Öffnung in der Seitenwand der Mine steckte ein elektrischer Zünder, der sehr schwer und nur mit einem Spezialwerkzeug herauszuholen war. Gegenüber befand sich eine weitere kleine Öffnung, deren Abdeckung er aufschraubte, worauf mit gewaltigem Surren eine einen Meter lange Spiralfeder herausschoß und über den Rasen segelte. Wir beiden anderen waren erschrocken, weil wir nichts davon geahnt hatten, aber

Eine Nacht in Chelsea

Der große Brand der Londoner City hatte unwiderlegbar die Unzulänglichkeit der Brandschutz- und Brandbekämpfungsmaßnahmen bewiesen. Die Regierung war entsetzt und erließ im Januar neue Verordnungen, die den zuständigen Minister ermächtigten, Personen beiderlei Geschlechts innerhalb bestimmter Altersgrenzen zum Zivilschutz dienstzuverpflichten. Männer zwischen 16 und 60 Jahren mußten sich registrieren lassen und hatten bis zu 48 Stunden im Monat als Brandwachen Dienst zu tun; diese Verordnung wurde später auch auf Frauen ausgedehnt. Eine weitere Verordnung bestimmte, daß Firmengebäude bewacht und mit Brandbekämpfungsmitteln ausgestattet werden mußten.

Diese Verordnungen bewirkten einen grundlegenden Wandel im Wesen des englischen Luftschutzes. Der bisher hauptsächlich auf freiwilliger Basis verwirklichte Zivilschutz ging jetzt immer mehr in die Hände von Dienstverpflichteten über. Was den Brandschutz betraf, erwiesen die neuen Maßnahmen sich als sehr erfolgreich. So gelang es den Deutschen trotz aller Bemühungen nie mehr, größere Teile Londons in Brand zu setzen.

Auch die Vorkehrungen für die Bereitstellung einer ausreichenden Löschwasserreserve wurden grundlegend verbessert: Die Feuerwehren erhielten große Mengen Schläuche und transportable Segeltuchreservoire, während in den Kellern vieler Ruinen ortsfeste Wassertanks aufgestellt wurden. Später sollte das gesamte Feuerlöschwesen dann verstaatlicht werden.

In der vergleichsweise ruhigen Zeit zwischen Mitte Januar und Anfang März machten auch die aktiveren Luftschutzmaßnahmen erhebliche Fortschritte. Ein deutscher Pilot hat berichtet, er habe mit großer Besorgnis beobachtet, daß Flakgranaten in der Nähe seiner Maschine detoniert seien, obwohl er in Wolken geflogen sei. Wie er sofort erkannte, bedeutete das, daß die englische Flak jetzt mit Radar ausgerüstet war.

Die größten Fortschritte in den ersten Monaten des Jahres 1941 waren jedoch bei den englischen Nachtjägern zu verzeichnen. Die wachsenden Erfolge dieser Waffe waren darauf zurückzuführen, daß die Piloten und Navigatoren Erfahrungen gesammelt hatten – und daß die Bord- und Bodenradargeräte unterdessen erheblich verbessert worden waren. Das Abwehrsystem basierte im wesentlichen darauf, daß eine Bodenstation den feindlichen Bomber ortete und die Jägerleitstelle den Nachtjäger an ihn heranführte, bis das Bordradar die gegnerische Maschine erfaßte. Der Jäger schloß dann so nahe zu ihr auf, daß er sie durch eigene Beobachtung als feindliches Flugzeug identifizieren konnte, und schoß sie ab. Das setzte einen sehr hohen Ausbildungsstand bei Pilot und Navigator und rasche Entscheidungen der Jägerleitstelle voraus. Sobald diese Voraussetzungen geschaffen waren, wurden die englischen Nachtjäger, wie ein deutscher Bomberpilot bestätigt hat, etwa ab Mitte März eine wesentlich größere Gefahr für den Gegner als die englische Flak. Wenn er von einem Nachtjäger verfolgt wurde, flog er absichtlich ins Flakgebiet oder sogar zwischen Ballonsperren, um seinen Verfolger abzuschütteln.

Diese nächtlichen Kämpfe – die Entdeckung des Gegners, die heimliche Annäherung am Nachthimmel, die plötzlichen Feuerstöße, sobald der Nachtjäger genau hinter dem Gegner hing, und der Absturz der feindlichen Maschine – fanden weit außerhalb der Sichtweite der unter den Luftangriffen leidenden Londoner statt. Trotzdem waren die Erfolgsmeldungen der Nachtjäger den bedrängten Londonern Aufmunterung und Genugtuung zugleich. Im Januar und Februar 1941 hatten die Nachtjäger nur neun deutsche Bomber pro Monat abgeschossen, im März waren es 25, im April 34 und im Mai 116 – eine erstaunliche Zunahme.

Die Zivilbevölkerung hatte etwas Aufmunterung nötig, denn obwohl London nach der Angriffspause nur noch selten bombardiert wurde, waren einige dieser Luftangriffe außergewöhnlich schwer.

Am 8. März bombardierten 125 Flugzeuge die englische Hauptstadt; am 9. März griffen 94 Bomber an; am 15. März waren es 101 Maschinen. Die Schwere dieser Angriffe entsprach etwa den Luftangriffen um Weihnachten. Aber die vier weiteren Angriffe, die London in diesem Frühjahr zu erdulden hatte, waren die schwersten von allen. Am 19. März warfen 479 Bomber 467 Tonnen Sprengbomben und 3347 Behälterbrandbomben ab; am 16. April, „dem Mittwoch“, warfen 685 Bomber 890 Tonnen Sprengbomben und 4200 Behälterbrandbomben ab; drei Nächte später, an „dem Samstag“, folgte der schwerste Angriff mit 712 Bombern, die 1026 Tonnen Sprengbomben und 4252 Behälterbrandbomben abwarfen; am 10. Mai erlebte London seinen letzten Angriff von 507 Bombern, die 711 Tonnen Sprengbomben und 2393 Behälterbrandbomben abwarfen.

Hält man sich vor Augen, daß die Deutschen im vergangenen Herbst nur einmal – am 15. Oktober 1940 – über 400 Tonnen Sprengbomben in einer einzigen Nacht abgeworfen hatten, ist die Schwere dieser späten Angriffe klar zu erkennen. Die besondere Wildheit der Mittwoch- und Samstagangriffe ist durch die Tatsache zu erklären, daß sie von Hitler als Vergeltungsangriffe für die Bombardierung Berlins angeordnet worden waren und auf seinen Befehl mit allen verfügbaren Maschinen geflogen wurden. Viele deutsche Bomberbesatzungen flogen in diesen Nächten zwei oder sogar drei Einsätze. Und die jetzt abgeworfenen Bomben waren viel schwerer und die Brandbomben viel wirkungsvoller.

Obwohl die englischen Zivilschutzdienste jetzt erfahrener und inzwischen erstklassig ausgebildet waren, hätte das bloße Gewicht dieser letzten vier Großangriffe die Londoner Abwehr beinahe erdrückt. Hätten die Deutschen ihre Luftoffensive mit solchen Angriffen begonnen oder sie im April und Mai mit häufig wiederholten Angriffen dieser Schwere fortgesetzt, hätte London ihnen wahrscheinlich nicht standhalten können, ohne zumindest das gesamte System der Luftschutzräume, Evakuierungen und Flugabwehr drastisch zu überprüfen. Glücklicherweise gab es jedoch nur wenige Angriffe dieser Art, die nicht unmittelbar aufeinander folgten, so daß London Gelegenheit hatte, sich von diesen gewaltigen Schlägen zu erholen, denn im gleichen Zeitraum versuchte die deutsche Luftwaffe auch, die wichtigen Provinzstädte in Trümmer zu legen. (Allerdings wäre es falsch, sich vorzustellen, die Schwere der Angriffe auf Provinzstädte sei in irgendeiner Weise mit den Angriffen auf London zu vergleichen. London, auf das bis zum 14. November etwa 19000 Tonnen Bomben abgeworfen worden waren, wurde danach bei 14 Angriffen mit über 5000 Tonnen Bomben belegt. Keine andere Stadt wurde mehr als achtmal bombardiert oder mit mehr als 2000 Tonnen Bomben belegt.)

Da im April 1941 bereits die Verlegung deutscher Verbände an die Ostfront begonnen hatte, waren diese letzten schweren Angriffe keineswegs der Auftakt zu einer Invasion. Das wirft die Frage auf, weshalb die Deutschen diese mörderischen Luftangriffe führten. Möglicherweise hoffte Hitler, seine „Vergeltungsangriffe“ würden die englische Regierung zu einer Änderung ihrer eigenen Bomberstrategie veranlassen; wahrscheinlicher ist allerdings, daß diese Angriffe, durch die die Aufmerksamkeit der Weltöffentlichkeit auf Großbritannien gelenkt wurde, als Tarnung für den deutschen Aufmarsch im Osten gedacht waren; ebenso ist denkbar, daß Hitler und Göring noch in diesem fortgeschrittenen Stadium hofften, es sei möglich, England allein durch Luftangriffe zum Ausscheiden aus dem Weltkrieg zu bewegen, wodurch die Wehrmacht freie Hand im Osten erhalten hätte; außerdem entsprachen Großangriffe dieser Art zweifellos Hitlers sadistischer Veranlagung. Trotzdem verfehlten die Angriffe, so brutal sie auch waren, ihre Zwecke – vielleicht mit Ausnahme der Tarnung des bevorstehenden Rußlandfeldzugs vor der Sowjetunion.

Brutal waren sie jedenfalls, und die Belastung der nach einem langen Herbst bereits überanstrengten Männer und Frauen des Zivilschutzdienstes war sehr stark. Allerdings kann nicht nachdrücklich genug betont werden, daß die Hauptlast der Luftangriffe auf London von den Feuerwehrmännern getragen wurde – und vielleicht noch mehr von den Luftschutzwarten. Eine detaillierte Schilderung ihrer Arbeitsweise enthält ein Bericht über einen dramatischen Vorfall während der Dienstagsangriffe. Der Bericht stammt vom Mr. L. W. Matthews, einem Luftschutzwart des Luftschutzreviers D in Chelsea, und betrifft die Bombardierung der Old Church in diesem Stadtteil.

In der Nacht zum 17. April 1941 griffen beinahe 700 deutsche Bomber fast acht Stunden den Süden Londons und die Innenstadt an. Dabei waren über 1000 tote und 2000 schwerverletzte Zivilisten zu beklagen; zu den getroffenen Gebäuden gehörten 18 Krankenhäuser und 13 Kirchen, darunter auch die Old Church in Chelsea.

Vermutlich wegen seiner Lage an der Themse und seiner Nähe zum Regierungsviertel, den Kraftwerken und ähnlichen Einrichtungen hatte Chelsea bereits schwere Schäden erlitten. Unter Berücksichtigung seiner Größe gehörte es zu den am schwersten bombardierten Londoner Stadtteilen; nur Holborn und Shoreditch hatten mehr Bomben pro Hektar abbekommen. In der Nacht, von der hier berichtet werden soll, wurden auf Chelsea – mit einer Gesamtfläche von knapp 270 Hektar – fünf Fallschirmminen, zahlreiche Sprengbomben und viele Hunderte von Brandbomben abgeworfen.

Die Brandwache der Old Church in Chelsea bestand aus Freiwilligen aus der Kirchengemeinde und einigen in der Nähe ansässigen Firmen.

Versuchen wir also, uns diesen Stadtteil unter damaligen Verhältnissen vorzustellen: Der im Krieg ohnehin nur spärliche Verkehr auf den Hauptstraßen beschleunigte sein Tempo, während die Sirenen warnend und herausfordernd zugleich heulten. Entlang den verdunkelten Straßen öffneten und schlossen sich die Haustüren, als die Bewohner zu den Luftschutzräumen am Paultons Square, im Rectory Garden oder den Embankment Gardens aufbrachen. Löschtrupps kamen zusammen und sahen zum Himmel auf, an dem bald die feindlichen Bomber herandröhnen würden.

Luftschutzwarte fanden sich von allen Seiten auf dem Luftschutzrevier ein, um ihre diensthabenden Kollegen zu verstärken. Sie blinzelten, wenn sie aus dem dunklen Korridor in das kleine Klassenzimmer traten, das durch Stahlstützen, die schwere Holzbalken trugen, räumlich noch mehr beengt war. Die Luftschutzwarte waren Männer und Frauen mit Helmen und Drillichuniformen, deren Ausrüstung aus Gasmaske, abgeblendetem Handscheinwerfer und Gürteltaschen mit Meldeblöcken, Axt, Reservelampe und Erste-Hilfe-Ausrüstung bestand. Während Zweierstreifen eingeteilt und losgeschickt wurden, um die Zahl der Personen in den Luftschutzräumen und den Bereitschaftsstand der Feuerlöschtrupps zu ermitteln, liefen die ersten Meldungen ein und wurden weitergegeben. Verbindungen bestanden zur Luftschutzzentrale unter der Town Hall, zu anderen Luftschutzrevieren und zu dem als Ausguck auf dem Dach des Schulgebäudes postierten Luftschutzwart. Die vorerst nicht zum Dienst Eingeteilten machten es sich in Liegestühlen bequem, um zu lesen, zu schreiben oder sich bei einer Tasse Tee zu unterhalten.

Das Telefon klingelte: Der Ausguck auf dem Dach meldete im Südosten herabsinkende Fallschirmleuchtbomben; einige Minuten später beobachtete er weitere über dem Kraftwerk in der Lots Road. Eine Streife kam zurück und meldete, wie viele Personen sich in den Schutzräumen in den Embankment Gardens aufhielten und wie stark die Feuerlöschtrupps im dortigen Sektor waren. Eine weitere Streife hatte nichts zu berichten, erwähnte aber, daß jenseits des Flusses in Battersea Bomben fielen und daß im Süden und Südosten Brände zu beobachten seien.

Um 21.30 Uhr übergab der Revierleiter die Geschäfte seinem Stellvertreter, um eine Streifenfahrt mit seinem Dienstfahrrad zu machen. Trotz des Abwehrfeuers und des Motorenlärms konnte er, während er langsam in der Straßenmitte dahinradelte, das Abrollgeräusch der Reifen und das gelegentliche leise Klirren von Granatsplittern hören. Nach seiner Rückkehr in die Schule stieg er an den vielen leerstehenden Klassenzimmern vorbei die Treppe zum Flachdach des Gebäudes hinauf.

Unten im Dienstraum war inzwischen frischer Tee aufgegossen worden.

Um 23.30 Uhr meldete der Ausguck auf dem Dach eine schwere Explosion und schwarze Rauchwolken im Osten Chelseas an der Themse. Da dieses Gebiet nicht zum Bereich des Luftschutzreviers D gehörte, wurde kein Einsatz veranlaßt. Ein benachbartes Revier teilte mit, daß Royal Hospital sei getroffen und die Feuerwache am Cheyne Place 21 außer Gefecht gesetzt worden. Es hatte schwere Verluste und hohe Sachschäden gegeben – offenbar durch eine einzige große Bombe. Gerüchteweise verlautete, Teile einer „Landmine“ seien gefunden worden.

Bis 1 Uhr waren aus dem Royal Hospital etwa 40 verletzte Verschüttete gemeldet worden. Das zuständige Luftschutzrevier hatte erheblich mehr Leichtverletzte und Obdachlose betreuen müssen. Im Bereich des Luftschutzreviers D waren bisher noch keine Bomben gefallen. Der Revierleiter begleitete seinen Vorgesetzten, den Bezirksleiter, auf einer Rund-

Auf die Tasse Tee wird nicht verzichtet

Flugabwehrkanonen sind über den Kanal gerichtet

Ein Blindgänger wird geborgen

Lichtorgel über London bei einem probeweisen Fliegeralarm

Die Westminster-Abtei wird durch Brandbomben schwer verwüstet

fahrt durch sein Gebiet; die beiden kamen eben von der Themse zurück, wo sie beobachtet hatten, wie jenseits des Flusses Brandbomben auf Lagerhausdächer herabregneten, als sie die sechs Mitglieder der Brandwache der Old Church aus dem Schatten des Kirchturms treten und auf dem Cheyne Walk in Richtung Danvers Street gehen sahen.

Der Revierleiter war in die Cook's Ground School zurückgekehrt und saß eben an seinem Schreibtisch, um eine Eintragung ins Wachbuch zu machen, als ganz in der Nähe zwei schwere Detonationen zu hören waren. Das war um 1.20 Uhr. Der ganze Raum erzitterte, Staub wurde aufgewirbelt, und aus anderen Teilen des Gebäudes kam das Klirren von Glas und das Splittern von Balken. Der Revierleiter überließ die Leitung der Dienststelle seiner Telefonistin, schickte alle verfügbaren Luftschutzwarte zur Erkundung aus und machte sich ebenfalls auf den Weg. Auf dem Korridor stieß der Bezirksleiter zu ihm. Die Fenster seines Büros waren durch den Luftdruck eingedrückt worden, aber die Glassplitter hatten ihn zum Glück nicht verletzt.

Als sie vom Glebe Place in die Upper Cheyne Row abbogen, war in einigen Häusern Licht zu sehen: Ganze Fenster waren mit ihren Verdunklungsrahmen auf die Straße hinausgesaugt oder in die Zimmer hineingedrückt worden. Dachziegel, zertrümmerte Schieferplatten, Putzträger und Putz, Holzstücke und Glassplitter bedeckten die Fahrbahn, aber diese Sachschäden waren verhältnismäßig gering.

Der Justice Walk war auf halber Strecke von der Lawrence Street aus blockiert, und das Zentrum der Zerstörung lag offenbar irgendwo jenseits dieses Hindernisses.

Als sie um die Ecke zum Cheyne Walk rannten, stolperten und fielen sie über einen flachgelegten Gartenzaun. Sie sahen in einer dünner werdenden Staubwolke Flammen emporschießen. An der Danvers Street brannte eine Gasleitung in einem flachen Krater in der Fahrbahn. Dann fiel beiden Männern gleichzeitig ein: „Die Old Church hat's erwischt!" Wo sie den massiven viereckigen Turm zu sehen erwartet hatten, waren jetzt lediglich ein zerklüfteter Mauerwerkssockel und einige kreuz und quer aufragende Balken zu erkennen.

Einige der dahinter am Cheyne Walk stehenden Häuser waren eingestürzt; andere waren jetzt fensterlose, leergeblasene Ruinen. Aus einer von ihnen rief eine Frau um Hilfe. Der Revierleiter überließ es dem Bezirksleiter, an Ort und Stelle Hilfsmannschaften zusammenzustellen, und rannte zum Luftschutzrevier D zurück, um telefonisch Meldung zu erstatten und Rettungs- und Löschmannschaften anzufordern. Die Telefonistin in der Luftschutzzentrale wiederholte seine Meldung zur Kontrolle: „Revier Don. Eilmeldung. Old Church in Chelsea. Verschüttete. Brand. Gemeldet um 1.25 Uhr. Ende." Nun mußte er verschiedene Ausrüstungsgegenstände mitnehmen – einen blauen Helmüberzug, blaue Lampen und einen tragbaren Schreibtisch mit Wachbuch und Meldungsvordrucken – und die Leitung der Rettungsarbeiten am Ort des „Vorfalls", wie die Zerstörung der Old Church bezeichnet wurde, übernehmen.

Nach seiner Rückkehr hatte der Revierleiter als erstes die Aufgabe, das Ausmaß des Schadens sowie Zahl und Lage der Verschütteten festzustellen. Nach einer raschen Erkundung der Trümmer hatte er die Orientierung zurückgewonnen. Die Church Street war auf einem Großteil ihrer Länge blockiert. Er schickte einen Läufer mit der Meldung los, daß alle Fahrzeuge über den Cheyne Walk anfahren müßten. Seine Eilmeldung bewirkte automatisch die Entsendung eines Bergungstrupps, von Krankenträgern und eines Sanitätsfahrzeugs; trotzdem würde wahrscheinlich Verstärkung angefordert werden müssen.

Die Kirche war nur noch ein riesiger Trümmerhaufen, aus dem abgeknicktes Gebälk ragte. Der Detonationsdruck hatte die alten Ziegel hochgehoben und den pulverförmigen Mörtel weggeblasen; es hatte nicht viel Zweck, darunter nach Überlebenden zu suchen. Das erste Haus am Peyt Place lag in Trümmern, aber die anderen standen noch, obwohl sie leergefegt waren, und in einem von ihnen brannte Licht. Ein Leichtverletzter wurde verbunden. Luftschutzwarte waren mit dem Auftrag unterwegs, alle beschädigten Häuser zu durchsuchen.

Hinter den Trümmern der Kirche ragte die Rückwand des zum Cheyne Hospital for Children gehörenden Schwesternheims auf. Das Gebäude war bis zum zweiten Drittel des ersten Stockwerks völlig unbeschädigt; ab dort fehlte das Mauerwerk wie abgeschnitten, so daß das zweite Obergeschoß im Querschnitt von den Fußbodenbalken bis zum Dachboden zu sehen war. An Einzelheiten waren ein gemachtes Bett, ein Stuhl, ein offener Kleiderschrank und eine brennende Deckenlampe zu erkennen. Da gleich um die Ecke eine Gasleitung brannte, hatte es wenig Zweck, sich wegen eines Verstoßes gegen die Verdunkelungsvorschriften Sorgen zu machen, aber einer der Luftschutzwarte kletterte aus alter Gewohnheit trotzdem die nur noch an einer Seite festhängende Treppe hinauf und schaltete das Licht aus.

Ein unheimlicher Widerhall in der höhlenartigen Dunkelheit eines der ausgebombten Häuser am Cheyne Walk schien auf die Spur von Verschütteten zu führen, aber er stammte dann von einem Polizeibeamten, der seinerseits das Haus nach Überlebenden durchsuchte.

Der Luftschutzwart, der das Zufahrtsproblem regeln sollte, kam mit der Meldung zurück, bisher sei noch kein Sanitätsfahrzeug eingetroffen. Aber der Bergungstrupp und die Krankenträger waren angekommen, so daß die Suche nach weiteren Bewohnern der kleinen Häuser, die nach den Unterlagen der Luftschutzwarte als vermißt zu gelten hatten, beginnen konnte. Ein Krater im Gehsteig, aus dem es durchdringend nach Leuchtgas roch, schien den Zugang zu einem der Keller zu ermöglichen, aber erst ein sehr kleiner Rettungsmann, der bei seinen Kollegen „Yorkie" hieß, konnte sich hindurchzwängen und feststellen, daß der Keller leer war. Einige der Männer trieben Gänge in die Trümmerberge vor; andere nahmen sich am Cheyne Walk 77 das New Café Lombard vor, in dem möglicherweise außer drei dort Diensttuenden einige Angehörige der Brandwache verschüttet sein konnten. Auf der gegenüberliegenden Straßenseite war ein noch nicht identifizierter Toter, der unter Umständen einer von ihnen war, bei der Bushaltestelle gefunden worden.

Irgend jemand meldete, ein Mann der Brandwache sei mit dem Leben davongekommen und halte sich jetzt in seinem Haus in der Old Church Street 27 auf. Da festgestellt werden mußte, was passiert war, übergab der Revierleiter die Koordination der Bergungsarbeiten seinem Stellvertreter und machte sich auf die Suche nach Arthur Mallett.

Er lag auf einer Couch in einem dunklen, ausgebombten Erdgeschoßraum, in dem sich andere Familienmitglieder um ihn scharten. Er war wie durch ein Wunder mit dem Leben davongekommen und der einzige Überlebende einer zahlenmäßig kleinen Brandwache:

„An diesem Abend, an dem das passiert ist, hat unsere Gruppe wie üblich die Brandwache im Peyt House in der Old Church Street, ganz in der Nähe der alten Kirche in Chelsea, besetzt. Als Luftalarm gegeben wird, setzen wir alle unsere Blechdeckel, unsere Helme auf und schnallen die Gasmasken um – manche von uns hatten nur gebrauchte aus Heeresbeständen –, wir schnallen sie jedenfalls um und marschieren in Richtung Themsekai los. Als wir dort ankommen, hagelt's Granatsplitter und anderes Zeug, weil unsere Jungs aus allen Rohren ballern. Während ich dort stehe, fällt plötzlich ein großer Granatsplitter oder dergleichen neben mir zu Boden; ich gehe hin, hebe ihn auf, sehe ihn mir an und sage mir: ‚Großer Gott', sage ich mir, ‚das ist teures Metall, mit dem da rumgeknallt wird.' Und dann sehe ich, daß sich nur etwas Metall vom Kopfteil einer Granate an diesen Splitter abgerieben hat, so daß das Material wie Phosphorbronze aussieht. Ich war enttäuscht, weil sich kein Geld damit verdienen ließ, und wollte den Splitter eben wieder fallenlassen. Aber im gleichen Augenblick hörte ich neben mir einen dumpfen Aufprall, als wäre ein Sack Kohlen auf die weiche Erde geplumpst. Ich hab' nicht gleich darauf geachtet, ich hab' noch immer das Stück Metall angestarrt, ich wollte's gerade wegwerfen und dann hab' ich hingesehen: ‚Mein Gott!' hab' ich zu mir gesagt. Ich sehe hin und erkenne einen großen zylinderförmigen Behälter, der neben mir liegt. Ich hätte ihn aufheben können. Ich drehe mich also nach meinen Kameraden um und sage: ‚Um Himmels willen lauft!' Sie rennen also los, sie haben im Vergleich zu mir sechs, sieben Meter Vorsprung. Sie traben also in Richtung Old Church davon, aber ich bin nicht gerannt, ich hab' dagestanden und gedacht: ‚Hör zu, jetzt wird's allmählich Zeit, daß du verschwindest.' Ich sehe sie rennen, ich hatte nichts mehr zu tun, also bin ich auch losgerannt. Am Ende der Old Church Street war ich bereits so schnell, daß ich die Kurve nicht mehr kriegte. Ich hab' mir gedacht: ‚Der Teufel soll's holen, dann läufst du eben geradeaus weiter.' Jedenfalls hab' ich einen kleinen Eisenpfahl und einen Hydranten neben der alten Kirche gesehen – ungefähr die einzige Deckung weit und breit – und mir überlegt: ‚Dieser Pfosten steckt gut im Boden, der bewegt sich nicht so leicht.' Deshalb bin ich dahinter in Deckung gegangen. Nun, dann ist anscheinend eine weitere Landmine hinter der Kirche runtergekommen. Sie ist dort explodiert und hat die andere gezündet, vor der ich weggelaufen war. Na ja, als nächstes weiß ich noch, daß ich mich umgesehen hab' und nichts erkennen konnte. Und ich hab' gedacht: ‚Menschenskind, jetzt sind die Augen futsch' und das hat mir erst mal Angst gemacht. Aber ich bin hockengeblieben, hab' die Augen geschlossen, nach oben gesehen und mir überlegt: ‚Die Sterne müßtest du wenigstens sehen können.' Am Himmel standen ein paar, aber als ich den Kopf hebe, sehe ich Millionen davon, aber sie waren keine Sterne. Es war so, als hätte man einen Schlag auf den Schädel gekriegt und wäre irgendwie benommen. Deshalb bin ich hockengeblieben, ich hab' ein paar Minuten lang dortgesessen, nehme ich an, mir ist's stundenlang vorgekommen, aber ich hab' einfach dagesessen, und als ich wieder den Kopf hebe, sehe ich einen kleinen hellen Lichtpunkt zwischen den anderen Sternen und denke mir: ‚Ah, das ist gut, dir fehlt also nichts.' Als ich aufgestanden bin, hab' ich gemerkt, daß meine halbe Hose, daß das ganze rechte Hosenbein fehlte. Dann hab' ich gespürt, daß mir was das linke Bein runterläuft. Aber ich hab' mir vorgenommen: ‚Da siehst du gar nicht erst hin.' Ich bin also ein paar Minuten dagestanden und hab' dann gemerkt, warum ich nichts sehen konnte: Die Luft war so voller Staub und Zeug, daß ich völlig eingedunkelt war. Na ja, ich hab' mich natürlich nach der Old Church Street umgedreht, weil ich dort wohne. Aber von ihr war nichts zu erkennen – sie hat wie ein einziger Trümmerberg ausgesehen. ‚Verflucht', hab' ich mir gedacht, ‚da steht kein Stein mehr auf dem anderen.' Und als ich nach Hause gekommen bin und mich aufs Bett gelegt hab', ist als nächstes der Luftschutzchef aufgekreuzt und wollte wissen, was passiert war. Na ja, ich war zu sauer, um lange Fragen zu beantworten, ich wollte bloß schlafen und in die Arbeit gehen, deshalb hab' ich ihn ziemlich knapp abgefertigt und bin reingegangen, um mich ein paar Stunden hinzulegen. Aber ich bin mir so zerschunden und schmutzig vorgekommen, daß ich gar nicht hätte arbeiten können – ich hab' damals Röntgengeräte für Krankenhäuser transportiert –, deshalb hab' ich mir überlegt: ‚Es gibt nur einen Ort, den du kennst, wo du um diese Zeit eine Tasse Tee kriegst – das Armenhaus in der Fulham Road, das Altenheim, wie's jetzt heißt.' Ich bin also hingefahren, ich kannte Mr. Bentall, den Bäcker, ich bin zu ihm runtergegangen, und er hat gesagt: ‚Hallo, Bill', hat er gesagt, ‚was ist mit dir los?' Und ich hab' gesagt: ‚Sie haben gerade die Old Church in Chelsea in die Luft gejagt', hab' ich gesagt, ‚und ziemlich alles in Trümmer gelegt.' Und er hat gesagt: ‚Was willst du?' Ich hab' gesagt: ‚Als erstes möchte ich eine Tasse Tee.' Jedenfalls kommt er mit einem Riesenbecher Tee zurück, und ich glaube, daß das der beste Tee gewesen ist, den ich mein Leben lang getrunken habe."

Danach kehrte Mr. Matthews an den Ort der Katastrophe zurück. Darüber hat er schriftlich berichtet:

„Die Sanitätsstation in Blanche's Garage war ausgefallen. Die Zahl der Verschütteten wurde jetzt auf zehn geschätzt. Eine weitere Tragbahre war angefordert worden.

In den Trümmern des Hauses Old Church Street 6 hatte ein Rettungstrupp die 16jährige Emma Chandler erreicht. Ihr Kopf war freigelegt, und sie sprach normal mit dem Mann neben ihr. Wie der Truppführer erläuterte, war sie unter Balken eingeklemmt, auf denen schweres Mauerwerk lastete. Jeder Balken mußte durchgesägt und abgestützt werden, wobei ständig die Gefahr drohte, daß alles in den darunterliegenden Keller stürzte. Die von Taschenlampen erhellte Gruppe war mit feinem ockergelben Staub bedeckt. Obwohl die Männer so vorsichtig wie möglich arbeiteten, polterten ständig Trümmerbrocken herab."

Mr. Matthews hat seinen schriftlichen Bericht über die Ereignisse dieser Nacht mit folgenden Worten ergänzt:

„Ich sollte vielleicht versuchen, den ‚Vorfall' etwas präziser zu schildern. Unterdessen hatten wir einen großen Schuttberg vor uns: Die Trümmer am unteren Ende der Old Church Street reichten bis auf die andere Seite der Fahrbahn. Wir mußten über ihn hinwegklettern und -krabbeln und dabei auf alle möglichen Löcher und Krater achten. Ich weiß noch, daß meine Handgelenke davon aufgeschürft waren und wir ständig in irgendwelche Löcher fielen. Das Ganze entsprach durchaus nicht den für solche Vorfälle erlassenen Vorschriften. Die Schwierigkeiten begannen schon damit, daß wir uns gegenseitig finden mußten. Wir hatten Taschenlampen, die aber verhältnismäßig oft defekt waren. Unser Verfahren für die Berichterstattung sah vor, daß wir eine Art Kladde führten, die aus einem Stück Papier auf einem Schreibbrett bestand, das wir an einem Lederriemen um den Hals hängen hatten, aber weil wir natürlich in Löcher fielen und es dabei beschädigt hätten, mußte man das Ding die meiste Zeit in der Hand halten. Jedenfalls hatten wir diesen Schuttberg vor uns, und ganz in der Nähe, auf der rechten Seite der Church Street, wo die Trümmer der kleinen Häuser lagen, arbeitete der Rettungstrupp. Ich glaube nicht, daß die Männer viel Licht gebraucht haben, weil es eigentlich überall ziemlich hell war, aber sie hatten abgeblendete Taschenlampen, und mitten zwischen den arbeitenden Männern war ein Mädchen verschüttet, wobei sie natürlich sehr vorsichtig arbeiten mußten, denn wenn sie zu ungestüm vorgegangen wären, wäre es von den zusammenfallenden Trümmern erdrückt worden. Die Arbeit ging dort nur sehr langsam voran. Etwas weiter die Straße entlang, am Petyt Place, waren die Häuser ziemlich schwer beschädigt, und ich hörte aus einem unheimliche Geräusche dringen – offenbar eine menschliche Stimme. Ich dachte zuerst, dort sei ein Verschütteter eingeklemmt, aber dann stellte sich heraus, daß ein Polizeibeamter herumging, nach Verschütteten rief und dabei diese merkwürdigen Hallolaute von sich gab, um zu hören, ob irgend jemand dort war. In dieser Nacht sind alle möglichen Kleinigkeiten dieser Art passiert. Die anderen Ruinen am Ende der Danvers Street sahen sehr schlimm aus, so daß man kaum glauben konnte, daß dort drinnen noch jemand leben könnte, aber auch dort waren einige Männer des Rettungstrupps an der Arbeit und trieben Gänge in die Schuttberge vor, um vielleicht jemand zu finden. Der Vorfall ging weiter, und es gab bestimmte technische Dinge, die hier nicht erläutert zu werden brauchen – beispielsweise kam aus geborstenen Leitungen viel Gas, Leuchtgas, so daß in Bereitschaft gehaltene zusätzliche Rettungstrupps oft Gasvergiftungen erlitten. Aus den Trümmern wurden Kleinigkeiten geborgen, mitleiderregende kleine Dinge, die den Hausbewohnern gehörten, zum Beispiel Werkzeug, das eingesammelt wurde und einem der Männer gehörte, die später tot aus den Trümmern geborgen wurden, Handtaschen, wertlose Schmuckstücke und so weiter – das alles wurde eingesammelt, es gehörte zu unseren Aufgaben, diese Dinge sicherzustellen.

Dann rief plötzlich jemand: ‚Da kommt wieder eine!' Ich erinnere mich gut, daß ich den Kopf gehoben und etwas gesehen habe, das ich für eine weitere herunterkommende Fallschirmmine gehalten habe. Es war einfach schrecklich! Man konnte den Blick nicht von dem Ding wenden und versuchte gleichzeitig, sich im Trümmerschutt so klein wie möglich zu machen, und ich erkannte auf einmal, daß das keine Mine, sondern ein Mann war, daß es sich um einen an seinem Fallschirm hängenden Flieger handelte, der ziemlich rasch über die Straße trieb und auf dem Uferstreifen unterhalb des Themsekais niederging. Einige von uns rannten hin, und wir sahen ziemlich vorsichtig über die Kaimauer. Wir dachten dabei an eine Invasion von Fallschirmspringern. Ich umklammerte meine Axt und nehme an, daß auch die anderen sich fragten, was wir tun sollten, falls der Mann uns mit einer Waffe bedrohte, aber irgend jemand lief die Treppe hinunter, die ganz in der Nähe zum Uferstreifen runterführen, und schnappte sich den Mann. Soviel ich mich erinnere, war das David Thomas, einer unserer Luftschutzwarte. Er brachte ihn jedenfalls herauf, und wir sahen einen jungen Mann Anfang Zwanzig vor uns. Ich weiß noch, daß er eine grüne Fliegerkombination trug – und daß seine Gesichtsfarbe ganz ähnlich war. Sein Auftreten war sehr korrekt: Er sagte nichts, er tat nichts, er stand mehr oder weniger in Habachtstellung da. Ich erinnere mich, daß sein Arm ganz steif war, als ich ihn daran festhielt, und dann passierte etwas sehr Überraschendes – in dieser Nacht erlebte man lauter verrückte Dinge. Jemand kam herbeigerannt und verpaßte ihm einen kräftigen Fußtritt. Ich nehme an, daß das jemand war, der einen Angehörigen durch Bomben verloren hatte oder vor Überanstrengung durchgedreht war; jedenfalls gelang es dem Mann, der dem Flieger den Tritt gegeben hatte, ihm dann die Pistole aus der Beintasche seiner Fliegerkombi zu ziehen. Irgend jemand hat dem kleinen Mann die Pistole weggenommen – ich weiß nicht, was er getan hätte, wenn sie ihm nicht entwunden worden wäre. In diesem Augenblick ist ein Hilfspolizist vorbeigekommen, und kurze Zeit später ist ein weiterer aufgekreuzt, und ich sehe sie noch vor mir, wie sie diesen deutschen Flieger zwischen sich den Kai entlang abgeführt haben, als habe er an einem Samstagabend betrunken randaliert."

Gleichzeitig ging der Luftangriff weiter.

Die großen Fallschirmleuchtbomben, die scheinbar unbeweglich am Himmel hingen, beleuchteten diese kleine Szene, die Bäume im Battersea Park und den Trümmerschutt auf den Straßen mit der gleichen strahlenden Helligkeit. Das Dröhnen der Bomber, das Bellen der Flak, das Pfeifen und die Detonationen schwerer Bomben, der ständige Krach hatte seine eigenen deutlichen Wirkungen.

Im Bereich des Luftschutzreviers D niedergehende Brandbomben ließen überall kleinere Bände ausbrechen.

Die Brandherde lagen am Paultons Square, in der Upper Cheyne Row, in der Danvers Street und in der Old Church Street. Mr. Cremonesis Feinkostgeschäft geriet in Brand, wurde aber von einem Polizeibeamten gelöscht, während der Ladenbesitzer einen weiteren Brand in der Hausnummer 25 löschte.

In jeder Straße roch es nach Bränden; gleichzeitig lag dort eine gewisse Erregung in der Luft. Frauen und ältliche oder behinderte Männer wetteiferten miteinander, indem sie Wassereimer zu Brandherden schleppten und atemlos leerpumpten, bis die Flammen gelöscht waren und sie vor ihren eigenen kleinen, angesengten, durchnäßten Siegestrophäen standen.

Ähnliche Szenen spielten sich in ganz Chelsea ab (sogar in ganz London), und auf dem Stadtteilplan der Luftschutzzentrale bezeichneten immer mehr Stecknadeln mit dem Kürzel „H/E" – für „high-explosive bomb" (Sprengbombe) – weitere schwere Vorfälle. Gegen 4 Uhr detonierte eine Fallschirmmine am Chelsea Square, tötete einen Luftschutzwart und zwei Feuerwehrmänner und verletzte weitere. Eine weitere Mine im Cranmer Court, unmittelbar hinter dem Polizeirevier Chelsea, rüttelte den deutschen Flieger, der über der Old Church ausgestiegen war und jetzt dort festgehalten wurde, kräftig durch.

Und dann herrschte plötzlich Stille, und in der Ferne waren die ersten Sirenen zu hören, die Entwarnung gaben. Die Sirenen am Fuß der Albert Bridge nahmen das Signal auf und verstummten wieder. Es war 4.55 Uhr. Der Luftangriff hatte sieben Stunden und 50 Minuten gedauert.

Das Café de Paris

Am 8. März 1941 hatte London die längste Angriffspause seit Beginn der deutschen Luftangriffe genossen – fast sechs Wochen angriffsfreier Nächte –, und nach den hektischen Tagen des vergangenen Herbstes war man im Frühjahr wieder zu einem normalen Leben, zumindest zu einem Kriegsalltag zurückgekehrt, in dem Theater, Geschäfte, Restaurants und Pubs halbwegs friedensmäßig geöffnet hatten. Die Londoner arbeiteten so gut wie möglich, amüsierten sich so gut wie möglich und richteten ihre Blicke nach vorn. Tatsächlich gehörte die deutsche Luftoffensive – selbst als sie im März wiederaufgenommen wurde – schon der Vergangenheit an. Die jungen Offiziere, die am 8. März im Café de Paris tanzten und starben, waren für andere Schlachten in Afrika, Asien und Europa bestimmt. In gewisser Beziehung läßt dieser Samstagabend in dem Restaurant in der Coventry Street sich mit dem Ball des Herzogs von Braunschweig vor der Schlacht von Quatre Bras vergleichen.

Das Café de Paris betritt man über eine lange Treppe, die von einem unauffälligen Eingang zwischen dem Rialto-Kino und dem Lyon's Corner House an der Coventry Street in Piccadilly nach unten führt. Am Fuß dieser Treppe befindet sich eine Art Foyer mit Garderobe, Toiletten und einer Bar. Von dieser Eingangshalle aus betritt der Gast den Balkon, der das eigentliche Restaurant umgibt. Zwei geschwungene

Treppen führen vom Balkon auf die Tanzfläche hinunter. Oberhalb der Treppen, unter denen das Musikerpodium liegt, und gegenüber dem Foyer ist der Balkon deutlich tiefer. Wer dort steht und auf die tanzenden und speisenden Gäste hinabsieht, kann sich einbilden, auf der Brücke eines Schiffs zu stehen und aufs Achterdeck hinunterzublicken.

Wegen seiner Untergrundlage galt das Café de Paris als sicher. Es wurde als Londons sicherstes Restaurant angepriesen – aber das stimmte keineswegs. Über dem Restaurant befinden sich lediglich eine Zwischendecke und darüber das Dach des Kinos, denn es liegt unter dem Rialto. Die für die Schutzsuchenden in der Bahnhofshalle in Bermondsey gültige Theorie hatte auch für die Reichen Gültigkeit: Wo sie sich sicher fühlten, fühlten sie sich wohl. Und zu diesem Sicherheitsgefühl trug am Piccadilly wie in der Druid Street das Fehlen von Lärm ganz erheblich sei. Im Café de Paris war von den draußen tobenden Luftangriffen nichts zu hören. (Und auf der Straße war es natürlich ebenfalls unmöglich, etwas aus dem unterirdischen Restaurant zu hören). Das Café de Paris, das auf dem Höhepunkt der deutschen Luftangriffe wiedereröffnet worden war, wurde rasch zu einem der beliebtesten Londoner Restaurants. Es war teuer, elegant und heiter. Den großen Hotels mit ihrem reichen und deshalb meistens schon älteren Stammpublikum fehlte der besondere Charme dieses luxuriösen, hervorragenden und scheinbar sicheren Restaurants mit seinem erstklassigen Jazz – Ken „Snakehips“ Johnson und Karibikband spielten dort, zweifellos Londons beste Jazzband –, seiner eleganten Innenausstattung und seinem sehr guten Essen. Für einen jungen Offizier, der Urlaub hatte und sich einen teuren Abend leisten wollte, war das Café de Paris zum Ausgehen mit Frau oder Freundin einfach ideal.

Zu den Gästen am Abend des 8. März 1941 gehörte Lady Betty Baldwin, die Tochter des früheren Premierministers. Sie arbeitete in der Erste-Hilfe-Station am Berkeley Square, wo sie eine Schicht leitete, hatte aber an diesem Abend dienstfrei. Sie hatte deshalb beschlossen, mit drei Freunden ins Café de Paris auszugehen. Wie sie mir erzählt hat, hat sie an diesem Abend eine Bemerkung über die Zusammensetzung des dortigen Publikums gemacht, was sonst nicht ihre Art gewesen sei. Die Männer, fast alle in Uniform, sahen ungewöhnlich gut aus, die jungen Frauen waren sehr schön, die ganze Atmosphäre war voll Fröhlichkeit und jugendlichem Charme. Dieser Eindruck war so auffallend, daß Lady Baldwin mit ihren Freunden darüber sprach; er tröstete sie über ihre kurzzeitige Verärgerung hinweg, als ihre bevorzugte Nische schon besetzt war. Das Restaurant war überfüllt, und dieser Tisch war besetzt. Wenig später waren alle dort Sitzenden tot.

Obwohl die meisten Gäste mit dem Taxi gekommen waren, kamen viele von weither. So war Lady Bettys Begleiter ein holländischer Offizier. In Liverpool war vor kurzem ein kanadischer Geleitzug eingelaufen, und eine Gruppe von Offizieren und Krankenschwestern, die an diesem Tag in London eingetroffen waren, verbrachte ihren ersten freien Abend auf englischem Boden im Café de Paris. Mr. Ulric Huggins, damals Offizier der Royal Navy, war eben erst von den Bermudas zurückgekommen und aß im Café de Paris mit seiner Frau, die er erst vor kurzem geheiratet hatte, seinem Freund Limbosch, der ein belgischer Militärarzt war, und der Freundin des Arztes, einer österreichischen

Krankenschwester. Wie wir bereits erwähnt haben, kamen die Musiker aus Westindien, der Barkeeper war ein Amerikaner, und die Ober waren unvermeidlich kosmopolitisch. Der Star-Entertainer dieser Woche war Douglas Byng, der jedoch an diesem Abend auf einem großen Wohltätigkeitsball in der Park Lane auftrat.

„Wenn ich an diesen Abend zurückdenke", hat Mrs. Trouncer, damals eine sehr hübsche junge Frau, erzählt, „fällt mir vor allem ein, daß wir beschlossen hatten, uns zum Ausgehen feinzumachen. Ich weiß keinen bestimmten Grund dafür, aber ich glaube, daß alle so sorgenvoll und bedrückt waren, daß wir dadurch auf andere Gedanken kommen wollten. Deshalb habe ich ein Abendkleid getragen – das weiß ich noch. Und wir waren in einer oder zwei Bars, fühlten uns sehr glücklich, waren sehr fröhlich und kamen gegen halb zehn Uhr ins Café de Paris, das ziemlich überfüllt war und in dem eine geradezu ausgelassene Stimmung herrschte."

„Hätte ich die Warnung meiner Mutter ernstgenommen", berichtete Mrs. Wittmann, eine ausgesprochene Schönheit, „wäre ich gar nicht in London gewesen, denn sie hat eine Art siebten Sinn: Sie hatte mich einige Tage zuvor im Traum mit verbundenen Augen und weiteren Verbänden gesehen und mir ein Telegramm geschickt, um mich zu bitten, nicht hinzufahren. Aber wir mußten zur Hochzeit eines Regimentskameraden nach London; mein Mann und ich waren dort mit Freunden zusammen, und die Luftangriffe waren so schlimm, daß wir's für angebracht hielten, uns unter die Erde zu flüchten. Und da das Café de Paris damit Reklame gemacht hatte, wie tief und sicher es war, hielten wir es für das richtige Lokal. Ich bekam also einen Stahlhelm aufgesetzt, und wir gingen zu Fuß zum Café de Paris, in dem wir uns viel sicherer fühlten."

„Am Abend des 8. März, einem Samstagabend, hatte ich ein paar Leute zum Sherry in unsere Wohnung in Bayswater eingeladen", schreibt Miss Irene Ballyn. „Im Laufe des Abends schlug jemand vor, zum Essen ins Café de Paris zu fahren; Douglas Byng sollte dort im Kabarett auftreten, und der Freund, von dem dieser Vorschlag kam, legte größten Wert darauf, ihn zu hören. Die Meinungen waren geteilt, aber ich war energisch gegen diese Idee – aus einer Vorahnung heraus? Das frage ich mich noch immer. Jemand anders schlug das Restaurant Quaglino vor. Wir waren uns noch nicht einig, als wir mit Taxis abfuhren.

Mein Freund, der ins Café de Paris wollte, und ich saßen im gleichen Taxi, und die Diskussion über das Ziel unserer Fahrt ging weiter. Der Taxifahrer erklärte uns warnend, offenbar stehe eine schlimme Nacht bevor, und forderte uns auf, uns für ein bestimmtes Ziel zu entscheiden. Inzwischen war Alarm gegeben worden, und am Marble Arch sahen wir ein mitten auf der Straße umgekipptes Taxi und weitere Anzeichen einer Bombendetonation. Bei diesem Anblick sagte der Fahrer unseres Taxis: ‚Verdammt noch mal, jetzt müssen Sie sich endlich entscheiden! Wohin wollen Sie – ins Café de Paris oder ins Quaglino?' Mein Freund blieb Sieger, und wir fuhren zum Café de Paris."

Ken Johnson, den seine begeisterten Zuhörer, aber nicht seine Freunde unter dem Spitznamen „Snakehips" (Schlangenhüften) kannten, war für einen Bandleader ungewöhnlich gebildet: Er war unter anderem ein promovierter Musikwissenschaftler. Da er sich beim Abendessen im *Edu de France* beeilt hatte, traf er etwas früher als sonst im Café de

Paris ein. Mr. Leslie Hutchinson, der Trompeter der Band und ein guter Freund Johnsons, erinnerte sich:

„Mr. Ken Johnson kam hereingehastet und sagte: ‚Mann, dort draußen ist's fürchterlich – einfach schrecklich!'"

Miss Ballyn traf kurz nach 21 Uhr ein. „Charles, der Oberkellner, den alle, die ihn näher kannten, sehr gern mochten, empfing uns", berichtete sie weiter. „Charles hatte nichts Serviles an sich, er war freundlich; er hatte nichts Gönnerhaftes an sich, obwohl er zuvorkommend war. Die Tische an der Tanzfläche waren besetzt, aber Charles konnte uns einen Tisch auf dem Balkon geben. Er schlug vor, wir sollten auf einen Drink in die Bar gehen, bis der Tisch frei sei. Wir gingen also in die Bar und hielten uns dort auf, als es passierte."

Mrs. Blair-Hickman, eine sehr attraktive junge Kanadierin, gehörte ebenfalls zu den Gästen: „Man hätte glauben können, dort finde ein Kanadiertreffen statt; das Publikum bestand aus Kanadiern, Krankenschwestern, Offizieren in Kilts, allen möglichen Arten, Typen und Größen sowie vielen Adligen, wenn ich mich recht erinnere. Soviel ich weiß, sind wir nur wenige Minuten vor der Bombendetonation eingetroffen. Wir hatten noch nicht einmal bestellt. Mein Freund und ich wollten tanzen und gingen auf die Tanzfläche, während die Band *Oh Johnny!* spielte..."

Mrs. Wittmann hatte eben Platz genommen: „Wir bestellten unser Essen. Wir saßen am Fuß der Treppe, und einer unserer Begleiter fragte: ‚Wollen wir tanzen?' Paddy ist ein ausgezeichneter Tänzer, und ich tanzte leidenschaftlich gern, aber wir blieben nach einer Runde vor der Band stehen, die von Snakehips Johnson geleitet wurde, und ich sagte: ‚Macht's dir was aus, wenn wir uns wieder setzen? Wir haben noch den ganzen Abend vor uns...'"

Ulric Huggins und seine Gäste saßen nur wenige Tische von ihnen entfernt: „Soviel ich mich erinnere, sind wir um Viertel nach oder zwanzig nach neun hingekommen. Wir hatten einen Tisch auf der linken Seite der Tanzfläche unter dem Balkon. Zwischen uns und dem Hauptteil der Tanzfläche stand eine Säule. Wir tranken zuerst einen Cocktail und waren seit einer Viertelstunde oder zwanzig Minuten dort. Wir hatten das Essen und den Wein bestellt. Der Ober stand schräg hinter mir und schenkte mir Champagner ein, damit ich ihn kosten konnte..."

„Die Band spielte endlos weiter", berichtete Leslie Hutchinson, der Trompeter, „bis Ken sagte: ‚Hört auf und spielt *Oh Johnny*!' Wir machten natürlich mit *Oh Johnny*! weiter, und ungefähr im zweiten Chorus hörte ich eine Art *ping!...*"

„Mein erster Eindruck war", erinnerte Mrs. Wittmann sich, „jemand habe mir aus irgendeinem Grund vom Balkon herunter eine Flasche ins Gesicht geworfen. Ich sah einen blauen Lichtblitz, nach dem alles durch die Luft zu wirbeln schien."

Mrs. Trouncer befand sich auf der Tanzfläche: „Wir waren zum Glück am äußeren Rand des Tanzparketts und tanzten ganz glücklich – und das Nächste, woran ich mich erinnere, war eigentlich, daß ich das Gefühl hatte: So, das ist das Ende der Welt. Ich bin nicht darauf gekommen, daß es eine Bombe gewesen sein könnte. Wir waren umgeblasen worden, wissen Sie; nun, wir rappelten uns wieder auf, und ich weiß noch, daß mir als erstes auffiel, daß über uns Licht brannte, wodurch eine außerordentlich makabre Atmosphäre entstand – mit dem vielen Staub, den herumliegenden Trümmern und allem anderen, wissen Sie –, die einen stark an eine Höllenvision erinnerte."

„Mir wird ewig im Gedächtnis bleiben", erzählte Mrs. Blair-Hickman, „daß ich das Gefühl hatte, durch Watte zu schwimmen, wenn Sie sich so was vorstellen können. Ich bin nicht bewußtlos gewesen, ich kann nicht ohnmächtig gewesen sein, ich weiß noch genau, was alles passiert ist, und als ich wieder klar denken konnte, habe ich auf jemand gesessen – richtig gesessen. Dieser Jemand stellte sich als ein Offizier mit einem Kilt heraus. Und ich entdeckte, daß ich ein gebrochenes Bein hatte – ich konnte nicht darauf stehen – und daß mein Rücken sehr naß war – das war Blut, wie sich später herausstellte. Trotzdem empfand ich eigentlich nur Verwunderung. Wir alle rechneten damals damit, möglicherweise von einer Bombe getroffen zu werden, aber die Wirklichkeit war ganz anders, als zumindest ich erwartet hatte. Ich sah mich um. Die Luft hing voll Staub, leblose Gestalten lagen herum, und in der Dunkelheit brannten einzelne Lichter."

Miss Ballyn hielt sich, wie wir gehört haben, an der Bar auf: „Es ist nicht leicht, den eigentlichen Augenblick zu beschreiben. Man war schon in Häusern gewesen, in deren Nähe eine Bombe detoniert war, und auf der Straße, wenn Häuser getroffen worden waren, aber dieser Todesbote fiel mitten zwischen uns. Soviel ich mich erinnern kann, stand ich mit einem Glas in der Hand da und unterhielt mich. Dann spürte ich plötzlich einen sehr starken Druck von oben gegen meinen Kopf. Danach herrschte völlige Dunkelheit. Als ich wieder die Augen öffnete, nahm ich als nächstes wahr, daß das Restaurant im Halbdunkel lag, und hörte

Stöhnen, leise Schreie und Wimmern. Ich saß mit dem Rükken an die Wand gelehnt auf dem Fußboden. Ein Mann beugte sich mit einem Fläschchen in der Hand über mich. Es enthielt Riechsalz."

Wie erinnerlich kostete Mr. Huggins eben den bestellten Champagner: „Mein erster Eindruck wurde von Dunkelheit und Staub bestimmt, und ich sah, daß die Champagnerflasche auf dem Tisch lag. In diesem Augenblick griff ich in einer instinktiven Reaktion nach der Champagnerflasche und stellte sie wieder auf. Einige Sekunden später bin ich meiner Erinnerung nach aufgestanden und habe den drei anderen an meinem Tisch aus der Champagnerflasche eingeschenkt. An eine Einzelheit erinnere ich mich dabei noch sehr gut: Als der Champagner in den Gläsern hochstieg, die übrigens unbeschädigt auf dem Tisch standen, war der Schaum mit einer grauen Staubschicht bedeckt. Und ich weiß noch, daß ich den Schaum mit einem Finger abgestreift habe, bevor ich getrunken habe. Als ich mich dann umgedreht habe, hat der Ober, der mir den Champagner eingeschenkt hatte, tot hinter mir gelegen."

Tatsächlich waren gegen 21.45 Uhr zwei Bomben durchs Kino ins Restaurant gefallen. Beide wogen jeweils 50 Kilogramm. Eine detonierte halbrechts vor dem Musikerpodium etwa in Brusthöhe zwischen den Tanzenden, tötete Ken Johnson, einen weiteren Musiker und 32 andere und verletzte 60 Menschen. Die andere Bombe detonierte zum Glück nicht, sondern zerplatzte beim Aufschlag auf die Tanzfläche, verspritzte ihre stinkende gelbe Füllung über die Toten und Sterbenden und hinterließ ein kleines Loch im Parkett; ihre Bruchstücke wurden später von einem Bombenräumkommando abtransportiert. Eine der beiden

Bomben hatte den Balkon durchschlagen, der jetzt durchlöchert herabging.

Die meisten Lampen waren erloschen, aber auf dem Balkon brannte zumindest noch eine, die einen schwachen Lichtschein durch den aufgewirbelten Staub und Trümmerschutt warf. Irgend jemand zündete ein Feuerzeug an, aber eine Stentorstimme rief: „Lassen Sie das! Damit jagen Sie uns in die Luft, falls Gas ausströmt!" In der Luft hing der durchdringende, stechende Geruch, der für eine Bomben- oder Granatenexplosion charakteristisch ist und in diesem Fall vielleicht durch die Füllung der zerplatzten zweiten Bombe verstärkt wurde. Die Wandspiegel waren natürlich in Tausende von mörderischen fliegenden Dolchen zersplittert. Mr. Huggins' toter Oberkellner hatte eine kleine Rückenwunde und war vermutlich von einem Glasdolch erstochen worden. Viele der Anwesenden haben von einer unerwarteten Stille gesprochen, aber dieser subjektive Eindruck kann auf ihre vorübergehende Taubheit zurückzuführen sein, denn andere hörten mehr.

Mrs. Goschen-Evans nahm beispielsweise als erstes einen rötlichen Lichtschimmer oder eine Lampe mit rotem Schirm wahr, die über dem Musikerpodium brannte. Das muß auf der „Brücke" über der Kapelle gewesen sein, wo der Oberkellner und der Geschäftsführer gestanden hatten und augenblicklich getötet worden waren. Dann wurden ihr gräßliche Schreie in unmittelbarer Nähe bewußt. Sie glaubte anfangs, sie schreie selbst, und bemühte sich, damit aufzuhören, bis sie nach einigen Sekunden merkte, daß sie aus dem Mund einer Frau neben ihr kamen. Ein kahlköpfiger Oberst hockte auf der durch schulterhohe Schuttberge halb blokkierten Treppe, verbarg das Gesicht in den Händen und stöhnte erbärmlich.

Unten spielten sich Schreckensszenen ab. Eine junge Frau hatte ihren 21. Geburtstag im Café de Paris gefeiert. Miss Ballyn berichtete: „...durch den Luftdruck völlig entkleidet, tatsächlich splitternackt, wurde sie von mir mit einem Tischtuch bedeckt gebracht. Sie starb, während ich sie in den Armen hielt."

Mrs. Blair-Hickman berichtete: „Ein hünenhafter Offizier, der sich später als Niederländer erwies, mit viel Goldstickerei, Schirmmütze und sogar einem Mantel (wahrscheinlich war er gerade von der Straße hereingekommen), hob mich auf, trug mich in die Küche, legte mich auf den kalten Elektroherd und schiente mein Bein mit einem hölzernen Kochlöffel, nachdem er es – ob Sie's glauben oder nicht! – mit Champagner abgewaschen hatte, weil nichts anderes greifbar war. Gleichzeitig bemühte sich ein Kellner, ein sehr aufgeregter Kellner, mein offenbar sehr schmutziges Gesicht mit einer Serviette zu säubern, und das Schreckliche daran war, daß mein Gesicht voll winziger Glassplitter steckte, so daß ich dabei Höllenqualen litt. Er meinte es jedoch gut, und während er damit beschäftigt war, lagen überall auf dem Fußboden weitere Verletzte. An diesem Abend waren viele kanadische Krankenschwestern im Café de Paris, die jetzt wirklich schufteten, und ein junger Mann gleich neben mir hatte eine gräßliche Rückenwunde, ein richtiges großes Loch, und eine der Schwestern versuchte, die Blutung mit einem Tischtuch zum Stehen zu bringen. Dieser junge Mann, der wahrscheinlich nicht mehr ganz nüchtern war, sagte: ‚Na ja, nicht jeder kann von sich behaupten, von der deutschen Luftwaffe niedergemacht worden zu sein...‘ Danach begannen sie, Tragbahren aus Stellwänden zu improvisieren, anscheinend weil die Tragbahren ausgegangen waren, und ich wurde die mit Trümmern übersäte Treppe hinaufgetragen und auf dem Leicester Square abgestellt. Ich weiß noch, wie ich auf dem Leicester Square gelegen und das Gefühl gehabt habe, eigentlich sei alles ziemlich unwichtig; ich hatte keine besonderen Schmerzen, ich fühlte mich einfach... tot – höchst eigenartig.“

„Zum Glück befanden sich unter den Gästen mehrere Ärzte“, erzählte Miss Ballyn weiter, „die erste Hilfe leisteten, bis Krankenwagen aus dem Charing Cross Hospital eintrafen. Diese im Halbdunkel arbeitenden Ärzte taten unter schwierigsten Verhältnissen ihr Bestes. Das wenige Verbandmaterial war bald aufgebraucht, so daß Hemden zerrissen werden mußten, um provisorische Verbände anlegen zu können. Jemand hatte im Korridor eine noch unter Strom stehende Steckdose entdeckt. Eine Verlängerungsschnur wurde geholt, und das traurige Bild erhellte sich allmählich.“

In der Tat ein sehr trauriges Bild. Bevor die Bombe fiel, war Mrs. Trouncer ein junger Flieger aufgefallen, der mit seiner Mutter im Café de Paris dinierte: „Eine wirklich reizende alte Dame, und er hatte offensichtlich Urlaub. Er war liebevoll um sie bemüht, sehr freundlich und nett. Und als nächstes erinnere ich mich, diese alte Dame mausetot daliegen gesehen zu haben – ihr Kopf war praktisch abgetrennt –, und der junge Mann kam auf mich zu und sagte: ‚Meiner Mutter fehlt nichts, ihr fehlt nichts, ihr fehlt nichts, nicht wahr?‘ Und ich antwortete: ‚Nein, nein, ihr fehlt bestimmt nichts.‘ Dabei war sie so tot, wie man überhaupt sein kann, und ich fühlte mich in gewisser Beziehung ganz und gar wie betäubt."

Ulric Huggins hatte wie erinnerlich mit seiner jungen Frau, einem belgischen Militärarzt und einer österreichischen Krankenschwester an einem Tisch gesessen. Alle vier blieben unverletzt und machten sich jetzt an die Arbeit. Huggins hat ihre Tätigkeit folgendermaßen geschildert:

„Limbosch entschloß sich jetzt dazu, hier in seiner eigentlichen Eigenschaft als Arzt tätig zu werden; wir hatten die Aufgabe, etwa vorhandene Verletzte zu diesem zentralen Punkt zu schaffen, wo es Licht gab und wo Bänke standen, die sich offenbar für die Lagerung von Verletzten eigneten. Als erstes mußten wir also Platz schaffen: Wir begannen damit, daß wir die Tische von den Sitzbänken wegzogen und aufeinanderstellten. Als wir den Nachbartisch aus der Nische zogen, fanden wir das ältere Paar, das neben uns gesessen hatte. Die beiden waren tot – sie waren offenbar von dem vollen Detonationsdruck der Bombe getroffen worden –, sie wiesen keine äußerlichen Verletzungen auf, aber sie waren beide mausetot. Sie wirkten jedoch im Tod ganz friedlich. Wir trugen sie also beiseite, nahmen das Tischtuch ab und deckten sie damit zu. Ich forderte Pat, meine Frau, auf, alle erreichbaren Servietten einzusammeln, und ging selbst auf die Tanzfläche hinaus. Dort boten sich einem fast unbeschreibliche Bilder. Ich weiß noch, daß ich auf eine junge Frau gestoßen bin, die auf dem Bauch lag und eine gräßliche Rückenverletzung hatte. Ich wußte nicht, ob sie lebte oder tot war, aber ein anderer Mann, ein Unbekannter im Smoking, war in der Nähe, und ich forderte ihn auf, mir zu helfen, diese Frau wegzutragen. Wir hoben sie behutsam auf, brachten sie zu der Bank, auf der Limbosch Notverbände anlegte, und streckten sie dort aus. Sie glaubte, sterben zu müssen, und ihr war der linke, glaube ich, oder rechte Daumen abgerissen worden. Sie hatte schreckliche Schmerzen."

Die junge Frau von damals, Miss Hylton-Simpson, hat mir bestätigt, daß Ulric Huggins und seine Freunde ihr im Café de Paris durch ihre Bemühungen das Leben gerettet haben. Mr. Huggins fährt fort:

„Ich war damit beschäftigt, Leute von der Mitte der Tanzfläche heranzuschleppen, und dieser ganze Teil ist mir nicht recht deutlich in Erinnerung, aber ein außergewöhnlicher Fall hat sich mir doch eingeprägt: Als ich wieder auf der Tanzfläche war, fiel mir ein großer RAF-Offizier auf, der offenbar ziellos umherirrte; ich sah plötzlich, daß er ein gräßliches Loch im Kopf hatte, aus dem er stark blutete, ein richtiges tiefes Loch in der linken Kopfhälfte, und ich brachte ihn zu der Bank, ließ ihn sich hinsetzen und mußte ihn dort sich selbst überlassen. Was dann aus ihm geworden ist, weiß ich nicht, aber unterdessen hatten sich bereits unter allen Lampen Gruppen von Helfern gebildet, die ihn versorgen konnten. Servietten dienten als Notverbände, und etwa zu diesem Zeitpunkt fiel mir auf meinen Gängen zwischen Bank und Tanzfläche etwas ganz Ungewöhnliches auf."

Das Ungewöhnliche waren einige ziemlich finstere Gestalten, die überraschend schnell auf der Bildfläche erschienen waren. Mrs. Blair-Hickman, die wie erinnerlich benommen über einem toten Offizier im Kilt gelegen hatte, hat die Begegnung mit ihnen geschildert: „Und dann sah ich jemand auf vage, traumähnliche Weise herumschleichen, und dieser Mann kam heran und schien irgend etwas zu suchen.

Er tastete nach meiner Hand, die kraftlos dalag – mir war wirklich sehr merkwürdig zumute –, und ich erkannte, ich merkte später, daß er mir einen Ring vom Finger gezogen hatte. Das muß er bei ziemlich vielen anderen Leuten ebenfalls getan haben."

Das stimmte. Und Huggins berichtete von ähnlich zwielichtigen Gestalten:

„Zwischen den Verletzten und Toten, zwischen den Tischen am Rand der Tanzfläche fielen mir zwei Männer auf, die offensichtlich nicht zu dem normalen Publikum des Café de Paris gehörten. Sie trugen Mützen und Halstücher, sahen schäbig und schmutzig aus und beugten sich über die Bombenopfer. Ich nahm zunächst an, sie wollten ihnen helfen, und machte einen Augenblick Pause, um die beiden zu beobachten – und wissen Sie, was die Kerle taten? Sie plünderten! Sie waren durch den Hintereingang heruntergekommen, und ich habe selbst gesehen, wie sie eine Damenhandtasche aufgehoben, blitzschnell durchsucht und irgend etwas herausgenommen haben. Sie waren jetzt etwas weiter von mir entfernt, und ich konnte nicht genau erkennen, worum es sich handelte, aber ich bin zu einem von ihnen hingegangen und habe ihn – soviel ich mich erinnere – aufgefordert, sich zum Teufel zu scheren."

Diese finsteren Gestalten können nicht lange ihr Unwesen im Café de Paris getrieben haben. Andere Gäste, die keineswegs bewußtlos waren, darunter auch Mr. Simons, sahen keine Plünderer, und eine ganze Anzahl von Handtaschen und goldenen Zigarettenetuis, die im Chaos verlorengegangen waren, wurden später den Eigentümern oder ihren Angehörigen zurückgegeben.

Woher waren die Männer gekommen?

Solche kleinen Ganoven trieben sich damals wie heute mit Vorliebe am Piccadilly Circus herum, wo sich während des Krieges auch viele Deserteure zusammenfanden. Möglicherweise kamen die Männer, die durch den Hintereingang ins Restaurant eindrangen, um scheinbar zu helfen, während sie in Wirklichkeit plünderten, aus diesem Milieu.

Andererseits können die Plünderungen auch das Werk einer ehrgeizigen kriminellen Organisation gewesen sein. Als Miss Hylton-Simpson wegen ihrer im Café de Paris erlittenen Verletzungen im Krankenhaus lag, war ihre Bettnachbarin eine junge Frau, die am gleichen Abend in Soho durch eine Bombe verletzt worden war. Diese junge Frau war die stolze Geliebte eines kleinen Gangsters. Sie erzählte Miss Hylton-Simpson, die von ihrem Liebhaber geführte Bande sei auf Plünderungen spezialisiert. Sie schicke Kundschafter aus, deren Aufgabe es sei, der Zentrale telefonisch neue Gelegenheiten zu Raubzügen – zum Beispiel bei einem ausgebombten Juwelier – zu melden. Die Männer ihres Geliebten, prahlte sie, seien oft rascher zur Stelle als die Angehörigen des Zivilschutzes.

Als Gegensatz zu solchen Gemeinheiten erzählt Miss Ballyn eine Geschichte, die gewiß alle Niedertracht aufwiegt.

Einem RAF-Offizier war ein Finger einer Hand durch herumfliegende Glassplitter abgetrennt worden. Sie führte ihn in die Damentoilette und war damit beschäftigt, die Hand des Unbekannten unter kaltem Wasser abzuwaschen. Dann war ihr plötzlich alles zuviel, und sie begann zu weinen. Der Offizier sagte einfach: „Weinen Sie nicht, meine Liebe. Es ist meine Hand, nicht Ihre."

Das Ende der Bombenangriffe

Als die Sirenen am frühen Morgen des 11. Mai 1941 nach einem weiteren sehr schweren Angriff auf London Entwarnung heulten, können nur sehr wenige Londoner auf den Gedanken gekommen sein, damit seien die deutschen Luftangriffe vorüber. Wie sie beinahe zufällig und mit anderer Zielsetzung begonnen hatten, so endeten sie ohne wirklichen Höhepunkt und fast ohne richtiges Ende, denn noch im gleichen Monat galt ein weiterer schwerer Angriff Birmingham. Aber die Luftoffensive war tatsächlich zu Ende. Am 22. Mai verlegte Kesselrings Luftflotte 2 ihren Gefechtsstand nach Posen. Anfang Juni waren auch ihre Staffeln im Osten eingetroffen, so daß nur Sperrles Luftflotte 3, deren Bomberbestände stark gelichtet waren, in Frankreich und den Niederlanden zurückblieb. Am 22. Juni griff die Wehrmacht die Russen auf breiter Front vom Eismeer bis zum Schwarzen Meer an.

Damit waren die deutschen Luftangriffe vorüber – zumindest vorläufig. Aber die Engländer mußten befürchten, dies sei nur eine Atempause. Die Rote Armee konnte den Ansturm nicht aufhalten und mußte zurückgehen; als die Deutschen einen großen Sieg nach dem anderen errangen, erschien es unwahrscheinlich, daß die Sowjetunion noch lange nennenswerten Widerstand würde leisten können; in diesem Fall konnten die deutschen Bombergeschwader natürlich ebenso rasch nach Westen zurückverlegt werden, wie sie nach Osten geworfen worden waren. Das bedeutete, daß der englische Luftschutz seine Personalstärke und seine volle Einsatzbereitschaft halten mußte.

Es sollte allerdings noch fast drei Jahre dauern, bis die englischen Zivilschutzdienste erneut mit Bomben in größerer Anzahl fertigwerden mußten, aber selbst als es Anfang 1944 zu weiteren deutschen Luftangriffen kam, waren sie bloße Nadelstiche im Vergleich zu den früheren Angriffen. Aber die Männer und Frauen im Luftschutz übten, wachten und warteten. Die englische Öffentlichkeit begann rasch zu vergessen, was sie diesen Männern und Frauen verdankte, denen nun wieder vorgeworfen wurde, sie vergeudeten Steuergelder und seien lediglich eine Bande von Teetrinkern und Dart-Spielern. Die in guten Zeiten vergeßliche Öffentlichkeit ist in Kriegszeiten erst recht vergeßlich, und viele der Londoner, die sich über Luftschutzwarte und Feuerwehrmänner beschwerten, waren möglicherweise während der deutschen Luftangriffe gar nicht in London gewesen. Da nun auch das Vaterland des Proletariats ebenfalls in den Krieg verwickelt war, behaupteten die Kommunisten sogar, sie hätten in diesem schrecklichen Winter die Stimmung der Londoner Massen aufrechterhalten, obwohl ihre Haupttätigkeit heimliche Sabotage gewesen war.

Aber das alles lag noch in der Zukunft. Am 11. Mai 1941, als die Feuerwehrmänner die Brände dieser Nacht löschten, die Luftschutzwarte und Rettungstrupps nach Verschütteten gruben, die Krankenwagen Verletzte und Sterbende in Krankenhäuser brachten, die Leichenwagen ihre Runde machten, um Tote abzuholen, und die Hausfrauen erneut Glassplitter und heruntergefallenen Putz zusammenkehrten, konnte kein Londoner ahnen, daß die deutsche Luftoffensive damit zu Ende war. Und 20000 Londoner erfuhren es niemals, weil sie den Luftangriffen zum Opfer gefallen waren.

Was hatte diese erste erschreckende Luftoffensive gegen eine bevölkerungsreiche Weltstadt bewiesen – falls sie überhaupt etwas bewiesen hatte? Sie hatte gezeigt, daß Churchill recht gehabt hatte, als er vor fast einem Vierteljahrhundert gesagt hatte, durch die Terrorisierung der Zivilbevölkerung sei wahrscheinlich kein Krieg zu gewinnen; diese Tatsache sollten die alliierten Luftangriffe auf Deutschland noch während dieses Krieges erneut beweisen. Und für uns, die wir unter der ständigen Bedrohung durch unendlich schlimmere Luftangriffe leben, ist diese Tatsache vielleicht bedeutsam. Allen jenen, die jetzt einwenden, daß die deutschen Luftangriffe auf London und die zukünftig drohenden Luftangriffe nicht miteinander zu vergleichen sind, ist entgegenzuhalten, daß die Londoner Bevölkerung im Oktober 1940 mit einer ebenso gründlichen, wenn auch langsameren Vernichtung ihrer Weltstadt rechneten, wie wir sie in einem Atomkrieg erwarten. Aber die Londoner sahen den Tatsachen ins Gesicht und kamen zu dem Schluß, so gräßlich die Realität auch sei, sei sie weder so schlimm wie erwartet noch so abstoßend wie die Alternative, sich einem bösen und grausamen Feind zu unterwerfen. Die Moral der Zivilbevölkerung blieb damals gut; trotz hysterischer Publizisten und Atomkriegspropheten ist nicht anzunehmen, daß sie selbst unter weit schlimmeren Bedingungen schlechter wäre.

Das ist eine Lehre, die wir aus der deutschen Luftoffensive ziehen können. Eine weitere betrifft die außergewöhnliche Anpassungsfähigkeit – nicht immer rational, aber trotzdem wirkungsvoll – der Einwohner einer Großstadt. Früher hat es Leute gegeben, die im Gespräch den Eindruck erweckt haben, als sei die Luftschlacht um London ein Kampf zwischen den Londonern, vor allem dem Luftschutz, und der deutschen Luftwaffe gewesen. Das stimmt nicht ganz. Ein Kampf, bei dem ein Mann wehrlos dasteht, während der andere auf ihn einschlägt, ist im Grunde genommen kein Kampf. Wahr ist jedoch, daß die Londoner ungeheuren Einfallsreichtum bewiesen haben, wenn es darum ging, den Schlägen so gut wie möglich auszuweichen, und daß sie es mit ungeheurer Zähigkeit verstanden haben, sich von ihnen zu erholen und weitere Schläge einzustecken. Obwohl sie die deutsche Luftwaffe keineswegs „besiegten“, vereitelten sie auf diese Weise Hitlers Absichten, was ein durchaus realer Sieg war.

Es war ein tragischer Sieg. London ist keine schöne Stadt; mit Ausnahme der von Wren erbauten Kirchen waren nur wenige der vernichteten Straßen und Gebäude architektonisch wertvoll. Aber der Gefühlswert des eigenen Hauses – ob es von Nash oder irgendeiner anonymen Baufirma entworfen worden ist – bleibt natürlich sehr hoch. Und Todesfälle sind überhaupt mit keinem Vergleichsmaßstab zu messen. Der Tod junger Männer auf dem Schlachtfeld ist schockierend und tragisch genug, aber die ewigen Kriege, die unsere Vorfahren seit unzähligen Generationen geführt haben, haben bewirkt, daß diese Tragödie – zumindest auf abstrakter Ebene und wenn sie anderen zustößt – uns beinahe normal erscheint. Der gewaltsame Tod junger Frauen und Kinder ist nicht nur deshalb viel schockierender, weil wir uns auch jetzt noch nicht ganz an solch grausame Angriffe auf Menschen, die selbst nicht töten, gewöhnt haben, sondern vielleicht auch, weil dieses Morden den Kern unserer Gesellschaft und ihre Zukunft trifft. Und wenn wir diese Generation weit zurückblicken und uns die Toten dieses schrecklichen Winters vor Augen führen, trauern wir wahrscheinlich noch immer am meisten um die Frauen und Kinder.

„Während meiner Dienstzeit bei der Feuerwehr", hat Mr. Philipps aus Poplar gesagt, „haben wir schlimme Zeiten und gute Zeiten erlebt, komische und tragische Erlebnisse gehabt. Aber ein Bild, das ich wohl mein Leben lang nicht vergessen werde, habe ich gesehen, als ein Rettungstrupp ein beim Einsturz eines Hauses verschüttetes kleines Kind freigeschaufelt hat. Das Kind war stehend verschüttet worden und offensichtlich tot. Die Männer des Rettungstrupps schaufelten eifrig und hatten eben Kopf und Schultcrn freigelegt. Es war ein schrecklicher Morgen – es goß in Strömen –, und ich sehe noch jetzt Kopf und Schultern dieses Kindes aus den Trümmern ragen: blaß und sauber, weil der Regen das Kindergesicht abgewaschen hatte."

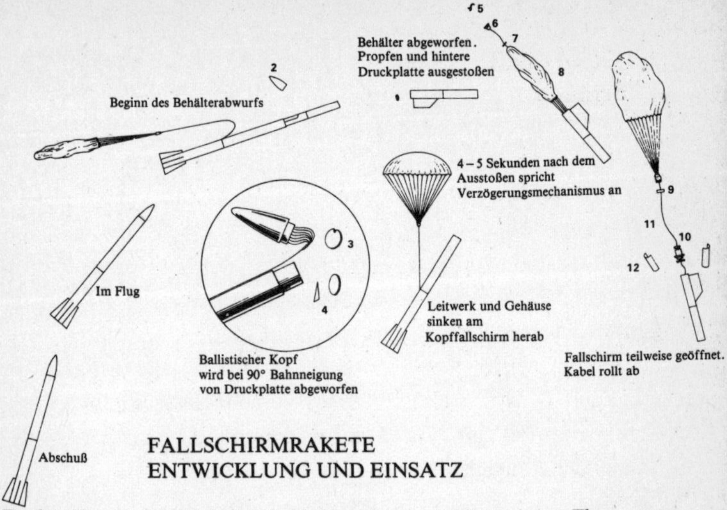

FALLSCHIRMRAKETE ENTWICKLUNG UND EINSATZ

Zu den Hauptschwierigkeiten beim Einsatz von Artillerie gegen Flugzeuge gehört die Tatsache, daß hohe Treffsicherheit erforderlich, aber nur sehr schwer zu erreichen ist, so daß viele Streitkräfte sich mit dem Gedanken befaßt haben, an Fallschirmen hängende Sprengladungen in die Flugbahn feindlicher Flugzeuge zu bringen.

Durch die langsame Sinkgeschwindigkeit des Fallschirms wäre die Sprengladung länger in gefährlicher Nähe des Flugzeugs gewesen als eine gewöhnliche Flakgranate. Zu diesem Zweck entwickelten die Engländer im Zweiten Weltkrieg die 7,62-cm-Fla-Rakete „U“ Typ „K“. Nach dem Abschuß stieg die Fla-Rakete über die geschätzte Flughöhe der deutschen Bomber hinaus und sprengte dann ihren ballistischen Kopf ab. Dadurch wurde der Kopffallschirm frei, der seinerseits das Gehäuse und das Leitwerk bremste, so daß der Behälter mit dem Hauptteil der Waffe, der Bombe Nr. 7 Modell IVS, herausgerissen wurde. Nachdem dieser Behälter das Gehäuse verlassen hatte, wurde die hintere Druckplatte abgesprengt; danach konnte der Hauptfallschirm sich entfalten und den Sprengsatz ganz herausziehen, während der Behälter zur Erde fiel. Dabei rollte sich ein 350 Meter langes dünnes Kabel mit dem zusammengelegten Schleppfallschirm ab. Sobald dieses Kabel die Tragfläche eines Flugzeugs berührte, riß der Hauptfallschirm an einer Sollbruchstelle ab, wobei sich der Stabilisierungsfallschirm öffnete. Der größere Zug des Schleppfallschirms zog nun die Bombe gegen die Tragfläche, wo sie detonierte.

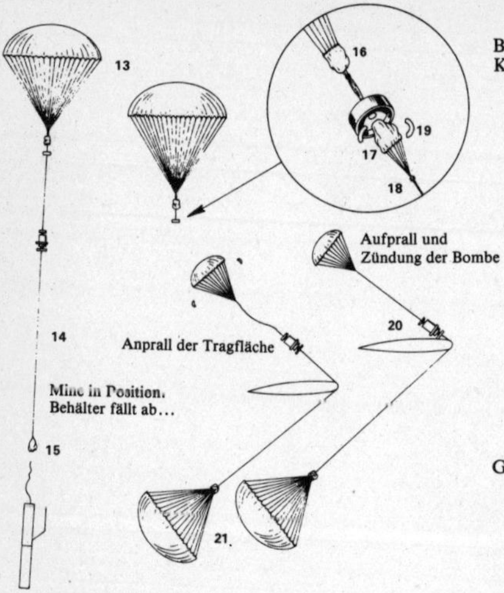

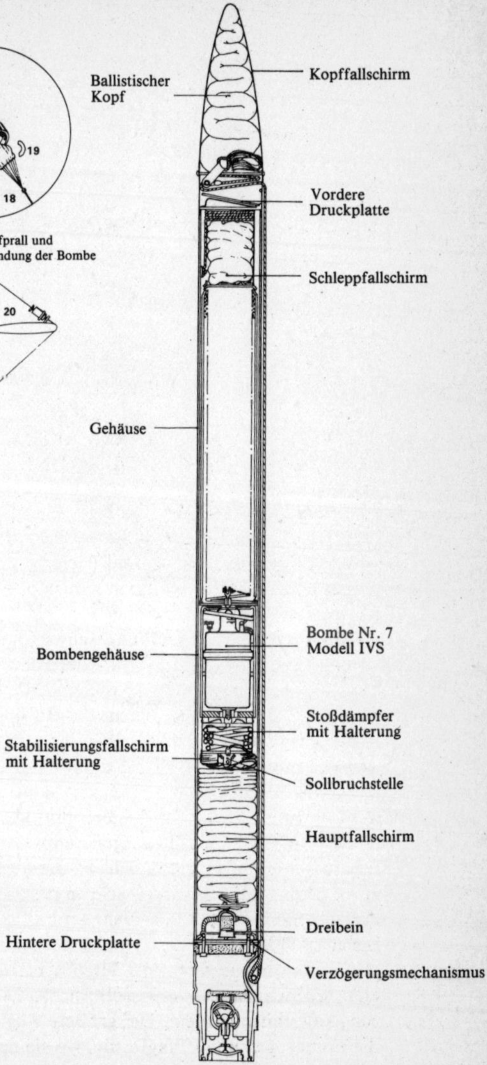

1. Kopffallschirm
2. Ballistischer Kopf
3. Packstück
4. Federplatte und Druckplatte
5. Dreifuß
6. Verzögerungsmechanismus
7. Schutzscheibe des Fallschirms
8. Hauptfallschirm
9. Sollbruchstelle
10. Sperrklinke
11. Stoßdämpfer
12. Bombengehäuse
13. Hauptfallschirm
14. 350-m-Kabel
15. Schleppfallschirm (unten)
16. Fallschirmhülle
17. Stabilisierungsfallschirm
18. Stab der Sollbruchstelle
19. Haltesegmente
20. Bombe
21. Schleppfallschirm

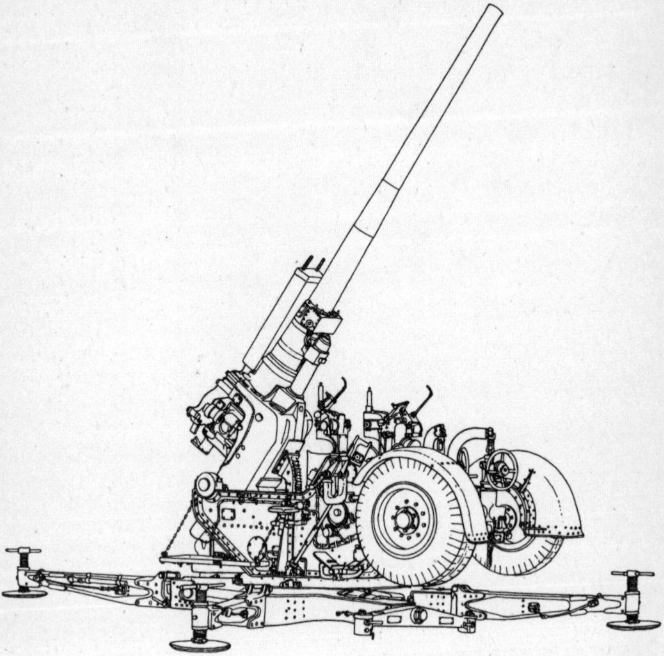

Die 9,4-cm-Flak Modell I war das englische Standard-Flakgeschütz, dessen Leistungen ziemlich genau denen der gefürchteten deutschen „Acht-acht", der 8,8-cm-Flak, entsprachen. Geschütze dieses verhältnismäßig kleinen Kalibers mußten leicht beweglich sein – deshalb die vier großen Räder. Sie wurden gehoben, wenn das Geschütz in Feuerstellung gebracht wurde, während vier mit Schraubspindeln verstellbare Tellerarme heruntergeklappt wurden und das Geschütz waagrecht hielten. Die 9,4-cm-Flak war ein ausgezeichnetes, sehr vielseitiges Geschütz. Sie hatte neun bis elf Mann Bedienung und eine Schußweite von etwa 10000 Meter.

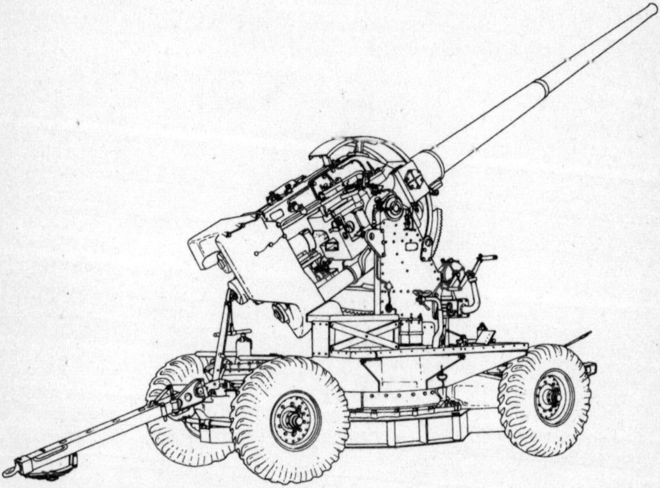

Die englische 11,4-cm-Flak war für den Einsatz gegen schnellere und höher fliegende Flugzeuge konstruiert, die von der 9,4-cm-Flak nicht mehr wirkungsvoll bekämpft werden konnten. Sie verschoß eine 24,9 kg schwere Granate mit einer Mündungsgeschwindigkeit von 730 m/s; die wirksame Schußhöhe lag bei 10400 m, die normale Schußfolge betrug 8 Schuß pro Minute.

Die Luftschlacht über England zeigte erstmals deutlich, daß es ein Fehler von den Deutschen gewesen war, keinen schweren Langstreckenbomber zu entwickeln, der die jetzt von mittelschweren Bombern wie der He 111 erfüllten Aufgaben hätte übernehmen können. Wie die Ju 88 wurde sie auch zur Geleitzugbekämpfung eingesetzt.
Besatzung: 5 Mann. *Geschwindigkeit:* 420 km/h. *Größte Reichweite:* 1770 km. *Bombenzuladung:* 1800 kg. *Bewaffnung:* 5 7,92-mm-MGs, eine 20-mm-Kanone.

Die Ju 88 war das „Mädchen für alles" der deutschen Luftwaffe; sie wurde als Sturzkampfflugzeug, Horizontalbomber, Nachtjäger und Fotoaufklärer eingesetzt. Außerdem bewährte sie sich als Torpedobomber gegen alliierte Geleitzüge. Wie alle deutschen Bomber litt sie unter einer chronisch schwachen Abwehrbewaffnung.
Besatzung: 4 Mann. *Geschwindigkeit:* 460 km/h. *Größte Reichweite:* 2500 km. *Bombenzuladung:* 1800 kg. *Bewaffnung:* 4 7,92-mm-MGs.

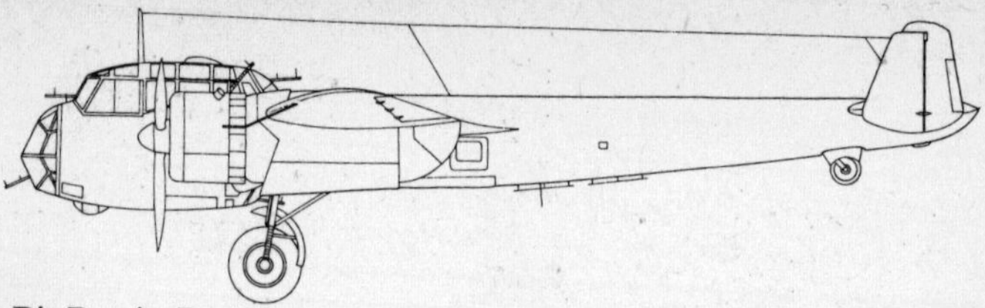

Die Dornier Do 17Z war eine stark verbesserte Ausführung der ursprünglichen Do 17, die nach den Erfahrungen im spanischen Bürgerkrieg teilweise umkonstruiert worden war. Funktionales Design – vor allem aufgrund der Notwendigkeit, eine Abwehrbewaffnung zum Schutz der Rumpfunterseite vorzusehen – siegte über aerodynamisch günstige Linienführung. Wie bei anderen deutschen Kampfflugzeugen hatte die gesamte Besatzung ihren Platz in der Bugkanzel. Die als taktische Waffe konstruierte Do 17 war mit strategischen Aufgaben, zum Beispiel der Bombardierung Londons, überfordert. Ohne volle Bombenzuladung war ihre Offensivkraft stark eingeschränkt; mit voller Bombenlast stieß sie andererseits rasch an die Grenzen ihrer Reichweite.

Besatzung: 4 Mann. *Motoren:* 2 Sternmotoren Fafnir 323 mit je 1000 PS Startleistung. *Bewaffnung:* 1000 kg Bomben und 6 7,9-mm-MGs. *Geschwindigkeit:* 410 km/h in 4000 m Höhe. *Reichweite:* 1160 km. *Dienstgipfelhöhe:* 8250 m. *Leergewicht/Fluggewicht:* 5210 kg/8850 kg. *Spannweite:* 18,0 m. *Länge:* 15,8 m.

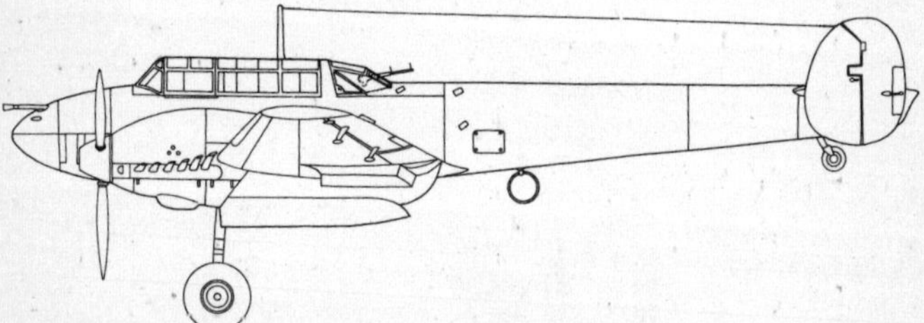

Die Messerschmitt Bf 110 war als Langstreckenjäger entworfen worden, aber sie erwies sich in dieser Rolle als durch die wendigeren alliierten Jäger zu verwundbar. Sie wurde zu einem brauchbaren Begleit- und Nachtjäger weiterentwickelt und war dann erfolgreicher.

Alle Angaben für die Bf 110 C. *Besatzung:* 2 Mann. *Motoren:* 2 Reihenmotoren Daimler-Benz DB 601A zu je 1100 PS. *Bewaffnung:* 5 7,9-mm-MGs und 2 20-mm-Kanonen. *Geschwindigkeit:* 560 km/h in 7000 m Höhe. *Reichweite:* 800 km. *Dienstgipfelhöhe:* 9750 m. *Abfluggewicht:* 6940 kg. *Spannweite:* 16,3 m. *Länge:* 12,3 m.

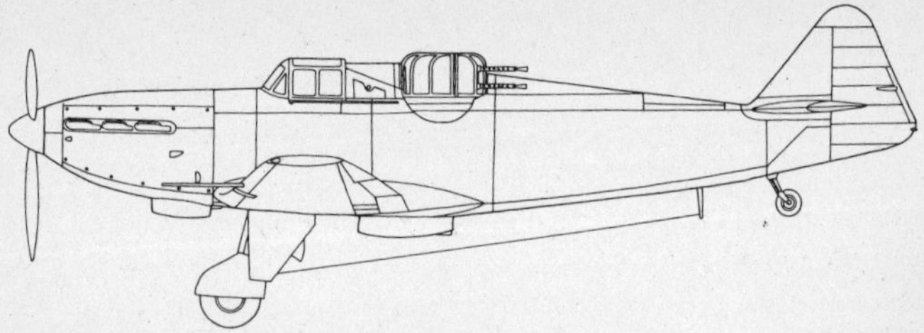

Der Boulton Paul „Defiant“ war als Tagjäger konstruiert worden, dessen Bewaffnung in einem hydraulisch bewegbaren Turm untergebracht war, der damals als wirkungsvoller als starre MGs galt. Aber nach einigen Anfangserfolgen erwies der Defiant sich als leichtes Opfer der wenigeren und schwerer bewaffneten deutschen Jäger; er wurde deshalb nur mehr als Nachtjäger eingesetzt. Später wurde er mit Radar ausgerüstet, aber er blieb auch in dieser neuen Rolle nur ein Lückenbüßer.
Besatzung: 2 Mann. *Motor:* Rolls-Royce Merlin III mit 1030 PS. *Bewaffnung:* 4 7,7-mm-Browning-MGs mit je 600 Schuß. *Geschwindigkeit:* 490 km/h in 5000 m Höhe. *Reichweite:* 750 km. *Dienstgipfelhöhe:* 9250 m. *Leergewicht/Fluggewicht:* 2750 kg/3900 kg. *Spannweite:* 12,0 m. *Länge:* 10,8 m.

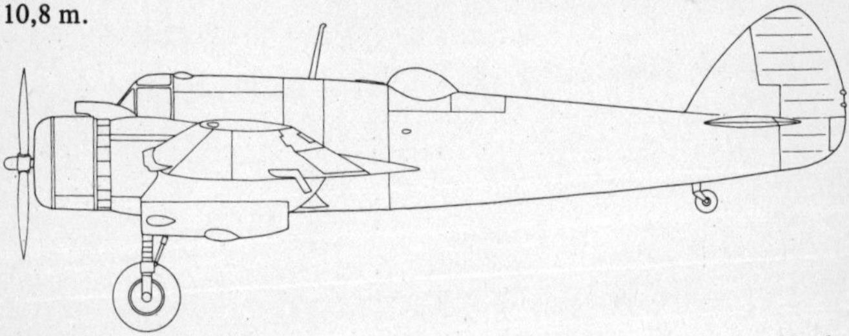

Der Bristol „Beaufighter“ war einer der erfolgreichsten englischen Nachtjäger des Zweiten Weltkriegs. Der als Jägerversion des Torpedobombers „Beaufort“ entwickelte Beaufighter ging so schnell wie möglich mit dem früheren AI-Radar in Produktion, und eine Maschine dieses Typs erzielte am 11. November 1940 den ersten Abschuß.
Besatzung: 2 Mann. *Motoren:* 2 Bristol Hercules XI-Sternmotoren mit je 1590 PS. *Bewaffnung:* 4 20-mm-Hispano-Kanonen mit je 240 Schuß und 6 12,7-mm-Browning-MGs mit je 1000 Schuß. *Geschwindigkeit:* 520 km/h in 4570 m Höhe. *Reichweite:* 2400 km. *Dienstgipfelhöhe:* 8800 m. Steiggeschwindigkeit: 9 m/sek. *Leergewicht/Fluggewicht:* 6380 kg/9435 kg. *Spannweite:* 17,6 m. *Länge:* 12,6 m.